# 唐人随笔

屈宝仓　著

民主与建设出版社
·北京·

**图书在版编目（C I P）数据**

唐人随笔 / 屈宝仓著 . -- 北京 : 民主与建设出版

社 , 2023.5

ISBN 978-7-5139-4208-9

Ⅰ . ①唐… Ⅱ . ①屈… Ⅲ . ①随笔—作品集—中国—

当代 Ⅳ . ① I267.1

中国国家版本馆 CIP 数据核字 (2023) 第 091863 号

**唐人随笔**
tang ren sui bi

| | | |
|---|---|---|
| 编　　著 | 屈宝仓 | |
| 责任编辑 | 刘树民 | |
| 封面设计 | 国鑫鑫道 | |
| 出版发行 | 民主与建设出版社有限责任公司 | |
| 电　　话 | （010）59417747　59419778 | |
| 社　　址 | 北京市海淀区西三环中路 10 号望海楼 E 座 7 层 | |
| 邮　　编 | 100142 | |
| 印　　刷 | 廊坊市博林印务有限公司 | |
| 版　　次 | 2023 年 8 月第 1 版 | |
| 印　　次 | 2023 年 8 月第 1 次印刷 | |
| 开　　本 | 690 毫米 ×960 毫米　　1/16 | |
| 印　　张 | 10.5 | |
| 字　　数 | 180 千字 | |
| 书　　号 | ISBN 978-7-5139-4208-9 | |
| 定　　价 | 28.50 元 | |

注: 如有印、装质量问题，请与出版社联系。

# 写在前面的话

弟茂德说："因为我们没有带什么到世上来，同样也不能带什么去"。赫尔岑说："书是行将就木的老人对刚刚开始生活的年轻人的忠告……种族、人群、国家消失了，但书却留存下去"。鉴于此，将自己 40 多年职业生涯中所见所闻所感所思形成的"碎片"归纳整理，期待这些"糟粕"能成为后人培养"精华"的肥料。既然带不走，也要留下一些完整的文字并称之为《唐人随笔》。

是为序。

作者：屈宝仓

2022 年 6 月 1 日

# 目　　录

# 第一章　工作篇

# 01　众益糖业事业宣言

我们是红山的儿女；

我们是甜蜜的使者；

我们诞生在玉龙的故乡；

我们曾经是奔驰的双马；

我们曾经是糖业的富龙；

我们曾经是草原的天露；

我们曾经是英联的博天；

我们的曾经铸就了今天的众益。

四十年风雨兼程；

四十年沧海桑田；

我们初心不改、无怨无悔；

用汗水、泪水甚至血水，演绎着甜蜜的梦想。

未来已来、时不我待；

我们肩负起"糖惠民众业兴广益"的神圣使命。

做甜菜产业的龙头；

当扶贫攻坚的先锋；

是乡村振兴的主力。


做好人，做好糖；

我们以先进的设备，为社会提供安全、健康、优质的产品；

我们以高效的团队，为员工实现价值，为国家创造财富；

我们以自己的智慧和能力，让生活变得更加美好。


众益的事业就是我们的事业；

众益的成长就是我们的成长；

众益的未来就是我们的未来。


"正直、坚毅、奉献、感恩"是我们的品格；

"安全、高效、创新、共赢"是我们的精神；

让我们全力以赴、全心全意；

为打造北方最具竞争力的百年众益而努力奋斗。

## 02　被疫情延误的年会致辞

尊敬的 Z 总，各位董事，公司的各位家人：

上午好！大家知道，元旦是阳历新年的第一天；正月初一是农历新年的第一天；但却很少有人知道，按照干支年法，立春也是新年的第一天。今天，我要把春节最深情的问候和新年最美好的祝愿送给大家；恭祝 2020 年吉祥、平安、快乐。

过去的 2019，公司管理团队在董事会的领导、信任和支持下，与 260 名员工同心同德，在制糖行业的困境中守望相助、不离不弃、知难而进；实现了 2019/2020 生产期扭亏为盈；各项综合指标取得了 19 年来的最好表现。

我要特别感谢生产期参加两班倒的各位同事；你们减少了陪伴老人的时间，牺牲了与家人团聚的时间，甚至放弃了照顾孩子的时间，把主要的时间和精力全部投入到生产期。按照因果定律，有付出总有回报。大家所有失去的都会以另一种方式归来。

在此，我向大家表示深深的敬意！

2019 年，公司全年实现了安全生产。没有发生重大人身伤害和设备事故。

2019年，农业团队在Z总、J总、L总的率领下，按照董事会确定的"提质增效"的指导思想，在种植面积、收购量、菜丝含糖、甜菜保管等数量和质量的匹配上取得了优异成绩，为生产运营创造了良好的条件。

2019年，运营团队在W总、T总、C总的带领下，以"降本增效"为主线，各车间密切配合、协同作战，实现了处理量、产糖量、产粕量、产品质量、消耗、设备安全运转、制造成本等指标的历史最好纪录。

2019年，公司按照董事会的"减员增效"目标，实现了2001年以来最大的一次"减员"，由于方案合理、补偿合规、程序合法，没有带来负能量，保持了员工队伍的稳定。

2019年，通过客户推介，公司通过了伊利、蒙牛、双汇、甘汁园等高端客户的质量审核，使我们成为这些用户的稳定供应商。

2019年，在郑州商品交易所白糖调低升水的情况下，我们积极与广西糖网建立起"厂仓交割"平台，网上销售达到总销量的1/3。

2019年，在取得产品质量认证的基础上，又通过了环境管理体系、能源管理体系、职业健康安全管理体系认证，为绿色工厂申报奠定了基础。完成了绿色制造业集成系统的验收准备。

2019 年，通过 3 个生产期的不懈努力，公司搬迁后通过了环评验收。

2019 年，所有管理部室紧紧围绕农业和运营，全力、全心、全意做好服务工作，使得农业、运营工作得以高效运行。

2019 年，也有许多不尽人意的地方；环保管控、安全生产、质量管理、客户服务、甜菜破损、除土机效率等还有很多薄弱环节，有待于在 2020 年提升和改善。

2020 年，我们将按照中央经济工作会议精神和董事会的决策部署，紧紧扭住新发展理念，用新发展理念引领高质量发展。2020/2021 生产期高管 KPI 已经签署，目标已经明确，激励已经清晰，接下来就需要行动了。从现在到五一，公司上下要集中精力、全力以赴抓好种植计划的落实。确保 40 万吨甜菜、15.2% 含糖目标的达成。

2020 年是一个新的 10 年开启之年，让我们上下一心，真抓实干，在开局之年取得员工收入和企业效益的双增长。

祝福 2020 如你所想，

祝福 2020 如你所愿。

**谢谢大家！**

## 03　甜美不再遥远

多少个日夜

多少个榨季

时光悄然划过眉间

三十九个春秋雕刻着容颜


走在制糖产业的路上

有风雨有雷电亦有阳光璀璨

糖惠民众天必佑之

业兴广益无悔无怨


伴随着我们的是坚守与信念

每一分辛劳与智慧

让众益莫再等闲

千里之行始于足下

致富百姓大爱无边

激励着我们的是信仰和奉献

每一分耕耘与收获

让苦涩不再重演

手挽手肩并肩心连心

风雨同舟奔向明天


在这平安喜庆的大美乡村

高新区松山工业园

融入她拥抱她建设她

三百糖业儿女让甜美不再遥远

# 04　中英文化的商业价值观

最近，集团总部在密云召开新财年工作启动会。期间，花6万元请香港的刘莹莹博士进行了一天的中西方文化差异方面的培训，受益匪浅；现把部分感悟记录如下，意在与网友们分享。

——等级差别或相互平等？中国注重等级，英国注重平等。在我国官民等级明显，领导有优先权，比如开会，官员都是最后才到场，即使会场遇到紧急情况，也要"让领导先走"，"不要挤，让列宁同志先走"；在英国更多是体现平等，乘车、购物、就餐你即便是总统也要与普通百姓一样排队，贫民可以当面谴责总统，不高兴了还可以投掷杂物，在我国可是不可思议的事情。

——维护法律还是维护关系？中国注重人际关系，英国维护法律。在我国法律不是至高无上的，法律面前人人平等有时还做不到。法律在金钱、关系面前有时还显得苍白无力；一个法官曾与我开玩笑说："遇到诉讼，是亲戚的按亲戚判；是朋友的按朋友判；非亲非朋的按法律判。"我们遇到官司首先想到法院有没有熟人，英国人遇到官司首先想到有没有熟悉的好律师。在我国的英资企业不会轻易碰《中华人民共和国税法》《中华人民共和国环保法》《中华人民共和国劳动法》《中华人民共和国安全法》等等；老外对于我们的"协调"和"变通"是难以置信的。

　　——个人与团体利益？中国更注重团体利益，英国更注重个人利益。英国把家庭、亲人、个人看得很重；我国则把团体利益看得很重，有口号为证"公家的事再小也是大事，个人的事再大也是小事"；英国人不提倡加班，个人休假是神圣不可侵犯的权利；当年英国经济那样糟糕，总统照样钓鱼、度假。接机、接站你如果替老外提包，他是不高兴的，因为在他看来，是你认为他连提包的能力都没有了；就餐时切忌给老外夹菜，他认为你剥夺了他选菜的权利。

　　——追求冒险与维护稳定？中国敢于冒险，英国更注重稳定。"一不怕苦，二不怕死"，"人有多大胆，地有多大产"，"不怕做不到，就怕想不到"，是我国非常时期的一些思维方式。英国人则更加注重追求稳健和可持续，甚至是永续发展，最害怕"大起大落"；公司意外的收益，不当得利，他们会感到吃惊的；在我国英国人是不会轻易染指期货和股市的；他们以为冒险会出现不安全，稳定才是公司发展的根本。

## 05　在英资公司里的感悟——安全第一

在英资公司里，"安全第一"是实实在在的。公司不仅把安全写进企业的核心理念，而且列在首位。总经理是公司安全生产的第一责任人；在公司的中层管理中，设有专职的安全经理；在各层面的部署、检查、汇报工作中"安全"首当其冲；叫得最响的一句口号是"公司的运营从安全开始"。

这与我国的安全理念有很大的差别，我们长期以来接受的是"越是艰险越向前"，"明知山有虎，偏向虎山行"的精神熏陶，往往把冒险称为英雄，把蛮干视作勇敢，把伤亡当成献身；而英资公司在每项施工开始前，要有安全生产预案，要进行风险评估，决不能以生命代价换取企业发展；公司可以亏损，但不可以出现死亡事故，宁可降低工作效率，也不能违章指挥、违章操作、违反劳动纪律；去年集团一家分公司由于违章作业，将一名临时员工埋在煤堆里，窒息死亡；总经理大幅降薪、副总经理免职、车间主任解雇。员工要强制使用劳动防护用品（安全帽、防砸鞋、防护镜、反光服、防噪耳塞等等）；员工每年要强制接受健康检查；一切皆按规矩办事。

我们常常关心生病住院损失工时的人，而不去奖励身体健康正常上班的人；我们把"带病坚持工作"视为敬业，其实那是严重的违章；乘车不系安全带、超速行驶、开车打电话在我们看来很平常，在老外看来是不可思议的事情；如果老外乘坐你驾驶的车辆，发生以上现象，他会感到特别吃惊，甚至要求下车徒步而行；公司对驾驶员有一个不成文的规矩，那就是乘车人员不系好安全带，驾驶员不准启动车辆。

西方国家的权威部门经过大量的数据统计形成一个"事故金字塔理论"；即每 3000 件不安全行为（不安全状态）必然会导致 1 起重大事故、10 起轻微事故、30 起财产损失事故、600 起未遂事故；现实生活中，我们往往注意对重大事故的预防，而轻视对细小不安全行为和不安全状态的纠正；如骑摩托不戴头盔，酒后驾车，酒后上岗作业，在库房内吸烟，带电作业，闯红灯，工作状态不戴安全帽，在宿舍使用大功率电器，开车拐弯不打转向灯等等；这种状态和行为发展到一定频率后，必然导致大事故或重大事故的发生。在老外看来保证每一个进入工厂人员的安全，是"以人为本"的底线，在生产力的诸要素中，人是最重要的。

# 06 在英资公司里的感悟——精细管理

在企业管理上，中英最大的区别在于"粗放"与"精细"；精细的程度让我们这些曾经在国企、股企工作多年的管理者汗颜；在老外的意识中，豆腐坊里做豆腐的技术操作细节和精度应该和送"神七"上天的技术细节与精度一样，同样来不得半点马虎。

## 工作有目标

公司里的任何一项工作，都必须精细到有目标、有行动方案、有保障措施、有责任人、有完成时限。同时有跟踪考核、有绩效兑现；比如一项农作物的生产，要有数量和质量目标——具体的数字和标准，通过怎样的行动来完成——行动方案要一一列出，用哪些具体的措施来保障目标的实现——是否具体、可行、有力，谁是第一责任人——出了问题要追究谁的责任，要有完成的具体时间——时限和时点，月、周、日的具体工作要有时间表。跟踪考核一般是由第三方来完成的，按照抽样调查的原理，随机抽样进行质与量的考核验收，推算出指标的完成程度；由于任务分解时都是采取竞标的方式进行的，大家签字画押、立下军令状，兑现业绩时也就能不折不扣、无怨无悔。

### 成本可控制

生产运营环节的消耗，要算到一针一线；构成产品成本的每一项物料，大到煤、电、汽，小到螺丝钉，都要算出单位消耗标准；列出本企业最佳水平、同行业最佳水平、同行业的平均水平、英国的最佳水平，用单耗去衡量每个车间、班次、员工的绩效；抛开价格变动因素的影响，让你对照最佳水平找差距，对照差距定措施，强化措施上水平。对机物料消耗中方一贯的做法是：确定一个单位产品的消耗标准，最后按照产量确定消耗总额即可；老外则要求，要细到每一项可以计量的消耗品种都有单耗，小到 0.02 元/棵的尼龙轧带；老外特别强调所有进入车间物料的计量，计量准确是衡量消耗的科学依据；使每种产品的成本有详尽的构成，有部门定时跟踪各项消耗，使成本始终处于一个可控状态。

### 操作按规范

员工有行为指南，生产有操作规范。每个岗位都有明确的岗位职责，每项操作都有明确的规范，任何人不得擅自更改工艺、安全标准、管理规程而进行操作或指挥。他们会把这些印成教材，人手一册，签字领取，并不厌其烦地对你进行各种方式的培训，还要严格考试，直到把你变成一个成熟的"机器人"；今年三月份总部在某分公司搞了一次"安全转变周"活动，本人参加感触颇深，先由安全专家讲课，其次让参加培训的所有人员到生产车间挑毛病、找差距、寻隐患，再次让每个人提出可操作的整改方案，最后确定责任人和整改完成时间；大家听得认真、记得仔细，可是下午培训快结束时，老外安迪突然说：下午有3个人没有来参加培训，我们一点名真的比上午少了3人，有急事请了假；老外就是这么认真。

管理走流程

英资公司里，从采购、供应、物流、销售、财务、运营到人力资源都有一套完备的流程，尽管程序繁杂、教条死板，有时还影响到效率，但是一切都要严格按照流程运行；你按照流程走了，即便是错了你也没有责任，否则会遭到上司的批评；哪怕是1分钱的采购，不按照流程走也视为违规的；管理人员要视级别赋予一定的权限，既不能越权，又不能不作为；与中方的最大区别是预算管理，我们是干着、看着、算着，经营结果是顺向的。而英资公司是逆向的，先做预算，再开始运营，一切以预算为纲领，没有列入预算的支出是不会通过的，意外的收入也是不正常的，每月要有预算执行情况分析；在老外看来，一切都在掌控之中，无论是亏还是盈，与预算的偏差最小才是最好的。

对于老外来说：坏消息当然可怕，好消息也同样可怕；公司的一切运营没有惊喜，才是最理想的状态。

# 07  在英资公司里的感悟
## ——守法守时节俭

在英资企业里，老外要求一切生产经营活动要依法进行，严格遵守中国的法律法规，尤其在税法上真的做到了一丝不苟；守时是老外的一大特点，原来只是听说过，现在有了切身体会；节俭是我们国人的美德，但是老外比我们做得更好。

记得美国著名文学家、政治家富兰克林有一句名言：人的一生有两件事是不可避免的，"一是死亡，一是纳税。"这在英资公司里得到验证，老外要求不但不能偷税、漏税，就连中资企业通行的合理避税都不允许；如果税务部门稽查查出问题，那就等于英资公司爆出特大丑闻，直接责任人、财务总监、公司总经理将受到严肃处理，降薪、降职、甚至被解雇。老外也非常尊重劳动法，前不久整个集团进行了一次 10% 的裁员，操作程序、工龄计算、劳动补偿标准、失业保险的对接，都依法进行，省去了很多麻烦；给人的感觉就是，国家法律法规给予的待遇要不折不扣的兑现，超越法律法规的事情，就是你再折腾，老外也不会妥协。给老外打工是不会让你偷懒的，每周必须工作到 40 小时，不足要扣薪水；名义上公司不让加班，有时不加班是完不成工作任务的，隐形加班是不给加班费的，这一点不说理。

老外遵守时间是令人佩服的：召开会议的时候，绝不会出现 8 点开会、8：30 人还没到齐的现象，更不会出现与会人员到齐等领导的事情；每位发言人都有时间限制，你超时了就会挤占别人的时间，这是很不礼貌的事情，主持人会不断地提醒你；在规定的时间内把要讲的内容说清、说透、说完，才算是合格的发言人，否则他会认为你素质有问题；老外的时间观念极强，就餐、旅行、赴约、作息等等几乎不会出现时间偏差，我的经历说明与老外约定的时间误差一般不会超过 2 分钟。我们有时迟到了、延误了会找出很多理由比如下雪了、下雨了、堵车了等等，在老外看来只要不是意外或交通事故，其他原因都能预见和控制；英方的董事长和中方的总裁有两句关于时间的箴言："一个不遵守时间的人，也不会遵守合同，更谈不上守信用。""一个连自己说话都控制不了的人，怎么会去控制与管理一个企业。"

老外人高马大，膘肥体壮，能吃能喝，确很节俭；在酒店就餐不会酒足饭饱后剩下一大堆"残茶剩饭"，有少量的剩余也会打包带走，他们已经形成习惯；在英国酒店（中餐除外）的餐厅里很少有大餐桌，更没有我们所说的"大转桌"，几乎清一色的 2-4 人的小方桌，人多了就合并起来，就餐结束顾客会自动把餐具集中到一处；更令人震惊的是，在英国的宾馆里几乎不提供一次性的如拖鞋、洗漱用具，即便提供的也不是每天一换，而是每人一套直到离店。这与我国数以万计的宾馆、酒店提供的一次性物品相比，会是多么大的节约和浪费啊！也许这也可能正是老外到我们 14 亿人口的大国来投资的动因所在！

## 08 在英资公司里的感悟
### ——以绩效论英雄

记得林彪元帅在辽沈战役中说过这样一句话："我不要伤亡数字，我只要塔山！塔山！"。商场如战场，在英资企业里，充分体现的就是"以绩效论英雄，凭贡献取报酬"；在英国人眼里，永远是"只有功劳，没有苦劳"。

公司里的每个员工头上都有指标（指标基本是合理的，或者是由自己认可的），完成指标你就有功劳，你的收入就有保证，你就是优秀员工；超额完成指标，你就有超额收入，你就是卓越员工，你还有晋升的机会。否则，一切将无从谈起，还有被解雇的可能。在绩效面前人人平等，其他的因素都显得微不足道。我们想一想：英国人远涉重洋带着几十个亿的资金来到中国，干什么来了？目的显而易见，就是来赚取比国内更多的利润，看中的是中国14亿并且还在不断膨胀的人口，以及经济高速增长带来的广阔市场空间；当然背后是这种产品在我国同时有着巨大的生产潜力，再加上英国上百年的科学技术、管理经验、资金实力，这才是他们雄心勃勃的动因所在。

　　农业团队的员工，就是要完成工厂所需作物的种植面积和产量，能够保证工厂所需原料；每个人都有通过竞标得来的任务指标，然后签订责任状，把全年目标分解成阶段性目标，上级按照考核办法适时跟踪完成进度，完不成阶段目标的最低底线，随时被淘汰；至于你在工作过程中所付出的千辛万苦、以及其他条件的变化，都会被未完成"绩效指标"而付诸东流。

　　运营团队的员工，也是把生产指标分解到每个人头上，把指标量化；安全生产、产品产量、产品质量、成本控制是KPI的主要内容，按照生产进度考核，按照完成程度兑现绩效工资，一般来说，运营系列的工资水平相对要比农业团队稍低一些，因为一般少有被解雇的风险，当然运营团队最大的风险来自"安全生产"，这是一项幸运指标；一旦出现人身伤亡与设备安全事故，那后果将是不堪设想的。

　　管理团队的员工，一般没有硬指标，但是软指标也不"软"。每周要完成的工作在周一要由自己确定，实行周考核、年累计。同时要不厌其烦地向总部和基层汇总上报、下达指令，一般是不加班完不成任务，加班公司也不认可；要求管理团队要有较高的素质，一部分是身兼多职，工作基本是满负荷；要命的是每年至少进行一次竞聘上岗，素质偏低的随时都有下岗或转岗的危险。

　　总之在英资公司里工作，你就像是整个身心被卖给了它们，亲情、友情、乡情、爱情都会淡漠很多，每天都要为完成自己的绩效指标废寝忘食、四处奔波、想方设法、日夜操劳，绩效是硬道理，否则一切都将归"零"。

# 09 在英资公司里的感悟——漏洞管理

英资公司非常注重对流程各环节的漏洞管理，千方百计消灭管理漏洞，使公司实现无漏洞运行。与内资企业相比有很多潜在的"规则"。

为了避免甜菜收购环节的漏洞，所有收购站点全部实行电算化收购，人、车、菜计量拍照后才能打印出磅单，所有入厂的甜菜必须百分之百的除土。

为了加强对高管人员薪酬和费用管理，分公司高管薪酬全部由总部考核支付，并且薪酬保密；总经理的所有费用全部拿到总部报销，不允许在分公司报销。

对业务招待费的管理，在有定额的前提下，由公司参加接待的职务最高的人结账，而不是由秘书或办公室经理结账。

公司无论盈利还是亏损，一年一度的榨季总结会、公司年会以及管理培训会照开不误。

分公司每半年由总部派安永或毕马威进行一次全面审计，审计结果直接向总部汇报。

分公司总经理和财务总监必须是异地出任，并定期交流。

产品销售按月度、季度、年度计划进行，随行就市，不追涨杀跌，不囤积居奇，不做投机销售。

多名高管同时出行，不搭乘同一航班，不乘坐同一台车。

为了杜绝安全事故，总部把各分公司 10 多年来的发生过的安全生产事故编印成《安全事故案例》，并作为培训教材。同样的事故绝不允许发生第二次。

聘请上海企安公司专门为制糖企业量身定做安全培训教材，并进行全方位的分级培训。

# 10  在英资公司里的感悟——新约克糖厂

2008 年初，博天糖业总部选派部分分公司的高管去英国考察，我被分组去新约克糖厂，一天的考察虽然是走马观花，但却让我感到前所未有的震撼，对比我国的甜菜制糖业差距不止 20、30 年。一是强制的安全防护：所有的人进入工厂，必须在门卫佩戴安全帽、防砸鞋、反光背心、防护镜、耳塞，缺一不可，门卫有计数器，遇到紧急情况知道厂内有多少人，厂区内通道人车分离，各有各的道。二是高度的自动化程度：员工人数基本上是甜菜处理量的 1%，即成建制 8000 吨／日的工厂——80 人左右，车间内很少看到人，而我国基本上是 6%。三是产品多样化满足各类客户：糖从车间分离机出来通过计量后，直接排入几个巨大的储糖仓，生产环节结束；接下来由销售部门按客户需求进行分类；包装从罐车、吨袋、50 公斤／袋5 克／袋；规格有大粒、中粒、小粒、糖粉；颜色有白糖、黄糖、红糖。四是固废综合利用：除了糖、粕、蜜三种产品外，还将滤泥、泥沙、废水也变成产品；滤泥经过烘干卖给农场用于改善土壤，污水厂的泥沙经分离晾干后，分别卖给公路局和苗圃；

废水经过处理后的中水卖给供水公司（因为甜菜含水 75%）。

我国的糖厂是用水大户，英国的糖厂是供水大户。

# 11 赤峰分公司甜菜基地的
## "近忧"与"远虑"

"人无远虑，必有近忧"。赤峰分公司的甜菜基地建设与发展如果没有长远谋划，就会有眼前忧患。对当下的赤峰而言，我们是否有足够的"远虑"，既关系企业的目前生存，更关系企业的长远发展。唯有"忧"与"虑"，才能预见"风起于青萍之末"。

### 近忧

新建糖厂。赤峰地区 200 公里半径内现有林西、建一、建二和博天四家糖厂，其中 100 公里半径内有三家糖厂。原本存在着较强的基地竞争，现在距赤峰市区 90 公里的翁旗又新建一家糖厂，几家糖厂的甜菜基地纵横交错，势必导致"甜菜大战"更加激烈。在现有糖厂都还没有"吃饱"的情况下，新建糖厂无疑给博天的甜菜生产造成威胁。2004 年市政府确定的博天原有种植区翁旗将被划出，同时也给博天的其他产区带来潜在的风险。

新增农企。玉米、土豆、胡萝卜、杂粮、蔬菜等，是与甜菜生产争面积的重点作物。在博天的糖料产区耕地面积一定的情况下，以这些为原料的农产品加工企业增加，对博天的甜菜生产的影响也不可小视。比如，元宝山区从宁夏引进的投资，伊品生物 103 亿元的玉米深加工项目；翁旗从包头引进的凌志公司投资 2 亿元的马铃薯深加工项目；松山区引进的投资 1.5 亿的脱水蔬菜项目。都会给甜菜生产带来了巨大压力，直接或间接的挤占甜菜的种植面积。

新添物种。赤峰南部高产出、高效益作物很多。特别是 2006 年以来，赤峰新增作物品种、项目在不断增加。除了传统的经济作物之外，新增的作物品种和项目有：设施农业、万寿菊、中药材、有机蔬菜、甜椒、玉米制种等，这些物种和项目省工、省时、省力，市场看好、产品畅销，比较效益都远远高于甜菜，对甜菜种植面积有一定冲击。如果我们不予以高度重视，也将会慢慢吞噬甜菜的种植面积。

成本压力。赤峰目前的甜菜生产仅有极少一部分采用机械播种（移栽）和起收，其余工序几乎全部依靠人工。而甜菜育苗（播种）、移栽、起收、切削劳动强度大，消耗工时长，需要人工多。而且劳动力成本逐年上升，雇工难、雇工贵的状况日益加剧，导致甜菜"增产不增收、提价不提效"。同时甜菜生产所需农业生产资料价格、土地租金逐年上涨，居高不下的生产成本抵消了甜菜价格提升作用，削弱了农民的种植积极性。

远虑

增加本土面积。加大松山区甜菜种植领导力度，扩大种植面积，利用 2-3 年的时间由目前 4 万亩发展到 8 万亩。松山区现有耕地 235 万亩，水浇地 86 万亩，完全可以拿出 10% 的水浇地发展甜菜。关键是企业和政府紧密协作，制定切实可行的政策措施，将甜菜基地建设与农牧业、水利、林业、扶贫、开发项目有机结合起来，带动甜菜基地建设。只要政策对头，松山区本土完全可以达到 12 万亩 40 万吨甜菜产能，满足一个 3000 吨 / 日糖厂的甜菜供应。

寻找替代面积。加大运输半径 100 公里以内新区基地开拓发展。利用 2-3 年的时间分别建成宁城北部 2 万亩和围场东部 1 万亩甜菜基地。一是在历史上宁城、围场分别建有糖厂，甜菜收购量曾经分别达到过 22 万吨和 6 万吨；二是距离公司运距在 100 公里以内，甜菜含糖高、运输成本低；三是耕地面积多，水浇地比例大。宁城县耕地 142 万亩，水浇地面积 46.86 万亩；河北围场县耕地 120 万亩，水浇地面积 25 万亩。开发新区需要政府、企业层面全方位接触、开发，使县、乡、村三级组织和农民与博天达成共识。

巩固外埠面积。博天在辽宁省凌海市的基地建设已经有了 3 年的历史，那里播种早、降水量多、生长期长、甜菜价格低、农民积极性高；虽然运距较远，但是外埠的基地不增人、不设站，管理费用低，最后甜菜入厂成本与赤峰本土相当。

2012 年外埠基地面积已经达到 16000 亩，2013 年以后可稳定到 20000 亩左右。目前已经与当地政府、农民、经纪人建立了良好的合作关系。

持续农机推广。实践证明，目前最大制约甜菜生产的因素是机械化水平低，因此，加速小农机的试验推广，加快甜菜机械化进程是甜菜生产的当务之急。博天从 2011 年开始在分公司组建农机团队，下力气推广小农机，得到了农民的普遍认可，取得了阶段性成果。今后，我们再持续推广 3 年，使甜菜播种、育苗、移栽、起收等主要生产环节的机械作业率达 60% 以上，就会使甜菜生产呈现出人意料的局面——农民收入增加，而甜菜价格出现稳定或下降趋势，甜菜生产将实现由人工向机械作业的历史性变革。

回收外侵面积。在失去翁旗甜菜基地的局面下（实际种植面积 3 万亩），争取市政府支持，强化敖汉、元宝山、喀喇沁旗产区的环境治理。在重新确定糖料区划的基础上，根据市政府的要求和四部委《糖料管理暂行办法》采取联合行动，落实了以制糖企业为核心，按照经济区域划分糖料市场的管理办法，把辽宁省的制糖企业彻底从博天辖区内清除出去，收回被外埠糖厂多年占据的部分基地面积，使以上产区的面积稳定在 4 万亩以上。保证博天甜菜主产区的种植环境相对稳定和安全。

生于忧患，死于安乐。我们分析"近忧"就是要把危机说清楚，唤起员工的危机感；因为只有危机才能凝聚人心，才能增强企业的向心力。有危机并不可怕，可怕的是当危机来临时，我们束手无策，无以应对。我们策划"远虑"就是要化危机为良机，把握和用好我们的优势和潜力，理清出一条赤峰博天下一步"应对危机路线图"来，供大家参考。

【此文获得"英联糖业中国区"征文大赛一等奖】

# 12　一个老知青的糖业情怀

在博天总部、在赤峰糖界，一提起赤峰分公司工会主席张德树，大家都知道他是一个有着 33 年糖业工龄的"老糖精"。却很少有人记得他还曾经是一个上过山下过乡的知识青年。在参加工作前的 4 年间，农村"广阔的天地"和"再教育"练就了他吃苦、耐劳、豁达、开朗的性格，1979 年他告别激情燃烧的岁月。返城到国营林西糖厂工作，从此将自己的命运与甜蜜的事业紧紧地联系在了一起。他做过维修工、技术员、化验员、质检科长、办事处主任、车队队长、厂办主任、工会主席；糖厂的十八般兵器几乎样样通晓。33 年来他虽然没有惊天动地的辉煌壮举，却也创造了许多平凡而伟大的感人故事，一桩一件无不折射出一个老知青对甜蜜事业的拳拳之心——

### 用粉笔做监控的车队长

在任林西糖厂车队队长期间，有一个难题一直困扰着他，就是个别司机夜间利用公车出去赚外快，那时没有监控设备，一直拿不到有力的证据来惩戒司机的违规行为，下班统一管理车钥匙又不方便工作，厂领导也认为是件很棘手的事情，有一天他仅用一只粉笔头就破解了难题。晚上司机们下班后，他来到停车场，神不知鬼不觉的用粉笔在每辆车的轮胎与地面接触的地方都画上一条线。这样，如果第二天早晨轮胎上的粉笔印记位置改变了，就说明该车夜间出动了。有两位司机第二天一大早就被抓了现行，起初还铁嘴钢牙，极力抵赖，但当队长说出调查监测的全过程，他们顿时面面相觑，无法自圆其说，最后不得不承认了错误。之后司机们私下说：说不定那小子还有其他什么鬼点子，如果再犯到他手里，可就"吃不了兜着走"了。从此，夜间利用公车外出干私活的事情就再也没有发生过。

### 身着病号服的球队长

富龙糖业在加盟博天之前，是赤峰富龙集团的一家子公司。作为糖业公司工会主席的张德树始终是各项文体活动的直接组织者。2005 年 4 月，集团举行第二届职工运动会，旗下 8 个分、子公司及 2 个参股公司近 600 名运动员将参加田径、篮球、乒乓球、羽毛球、拔河、趣味活动六大项目的激烈角逐。糖业公司在篮球、拔河等项目上一直具有很大的夺冠优势，工会主席张德树是糖业代表队的总指挥并兼任篮球队队长，他精心组织，周密安排，严格训练，积极备战。可没想到就在比赛临近的前两天他却因严重的肺部感染不得不住进了市医院。4 月 25 日，气势如虹的千人太极表演拉开了职工运动会的帷幕。赛场上的争夺异常激烈，队员们虽然都很卖力，但临阵缺失主帅使他们心里多少有些底气不足。就在糖业男篮决赛开赛的前几分钟，人们惊喜地发现身着病号服的张队长出现在观众席上为糖业队喊加油，男篮队员精神为之一振，接连打出几个小高潮，取得了男篮集团第二；接下来的女篮决赛，大家一鼓作气，一举拿下女篮集团冠军。原来他身在医院，心系赛场，瞒着医生护士顾不得换衣服就偷偷地溜了出来，于是我们在赛场上看到了一个身着病号服的球队长。

### 分管"三市二县"的无冕王

2010 年开始，赤峰分公司为了完成总部下达的年度预算任务，从甜菜播种（育苗）、防病（虫）、收购、保管、发运，实行班子成员分工包片的责任制。从总经理到每位班子成员每人负责一个种植区的中心工作。从 2011 年开始张主席就担任起喀旗种植区的责任人。该种植区辖赤峰、辽宁凌海、盘锦三市及喀喇沁和元宝山二旗县。从此张主席被大家称为分管"三市二县"的无冕王；该产区跨度广，收购难度大，尤其是凌海市，地处渤海辽东湾的怀抱中。2011 年凌海地区的甜菜种植面积达到了 5000 多亩，距赤峰市区近 320 公里，且地块分散，设站费用高，管理难度大，最后公司决定不设站点，派员检质，边收边发。收购工作伊始，张主席就与喀旗供应经理一道制定计划，研究方案；随后就带领一名助手奔赴凌海，开始了长达 40 多天的连续作战。几乎每天天刚蒙蒙亮就赶到田间当起了质检员，指导农民起收并修削甜菜，下午马不停蹄地赶往配货站，联系配货车往赤峰发运甜菜，终日往返于田间地头与配货站之间，中午常常不能赶回驻地吃饭，就用面包、泡面、咸菜临时充饥，每天收工都已是万家灯火，送走最后一车甜菜，还得驱车一个多小时才能赶回驻地。通过40多天的艰苦努力，圆满完成了1.8万吨甜菜的收购任务。

### 解决"疑难杂症"的斡旋人

2002年，是赤峰糖厂重组以来第一个甜菜收购量达到30万吨的年份。甜菜收购、生产运营、保管运输都面临巨大的压力，而甜菜收购是关键的一环，直接关系到后续各项工作的质量。收购工作刚刚开始，翁旗的一个涉及4个村的大站就出现了问题：甜菜修削质量差、掺杂泥土多；站长不敢收，农民不返工，导致甜菜停收，秩序混乱，交菜的车辆沿路排起长龙。张主席代表公司前来协调，首先找到村干部和派出所，让不合格的甜菜车停下来，合格的甜菜继续收购；之后开始动之情晓之理，做村干部的工作，从修削标准讲到甜菜质量，从产品质量讲到食品安全，从榨期的延长讲到甜菜储存的风险；午餐和村干部边吃边聊，"酒逢知己千杯少"，张主席的酒风、酒品和酒量，让4名村干部佩服得五体投地。当场就甜菜收购质量达成共识，下午就主动为站长维护秩序，保证了收购工作的顺利进行。那年这个站的甜菜是生产后期才发运完毕的，储存保管质量良好。

2010年秋季，糖价上涨，甜菜大战硝烟弥漫，赤峰地区甜菜收购秩序极其混乱。辽宁建二糖厂与元宝山产区仅一河之隔，在厂方和经纪人的操纵下，对方进入赤峰产区大肆抢购甜菜，分公司多次派人与之交涉，都难以得到正面回应。在市、区政府和有关部门的支持下，分公司委派张主席前往一线指挥，开始在关卡堵截、在路上围追，有力地打击了非法抢购行为，保护了甜菜的安全，保护了企业的合法权益。

老当益壮，宁移白首之心；穷且益坚，不坠青云之志。张德树自己常说："30多年前我与糖业结下了不解之缘，至今无怨无悔；此生余年，我将义无反顾地为糖业的进步与发展贡献出自己的光和热"。

【此文获得"英联糖业中国区"征文大赛特等奖】

# 13　农务员的工作要盯住"四个关键"

一年之计在于春，农时一刻值千金。分公司的种植目标通过竞标的形式分解到每个产区每个农务员之后，落实订单就成为全年工作的重中之重。对糖企来说，春季抓住了订单就是"一有百有"，反之就"一无百无"。为了使农务员的工作事半功倍，建议盯住"四个关键"。

关键的"人"。凡是能够带来甜菜订单的人，都是我们所说的关键的人。包括甜菜联络员、乡镇村干部、乡村里有影响力号召力组织力的能人。要利用乡情、友情、亲情和公司现有的政策，直接或间接的网罗一批这样的关键人物。赤峰分公司的甜菜产区遍布 5 个旗县区 54 个乡镇 930 个行政村 3369 家农户，仅靠公司的 40 名农务员做好政策宣传、合同签订、物资发放、技术培训与指导等工作，力量是远远不够的。因此我们要把这些关键的"人"当成帮手，交成朋友，建立联系档案，为我们完成甜菜生产目标献计、出力。

关键的"户"。大户越来越多，大户越来越大，已变成赤峰甜菜发展的现实。订单要紧紧盯住 50 亩以上的大户，历史的经验和目前的生产力水平告诉我们，最佳规模在 50—300 亩；今年赤峰大户要占到总面积的 60% 以上，让大户赚钱也是我们的目的，大户赔钱受到伤害的也是我们企业。同时要特别注意摆布好老户与新户、大户与小户的关系。赤峰的思路应该是"老户巩固好、新户请进来"、"大户增单产，小户上面积"；大户要以农民盈利为目标，确定最佳种植规模，面积不是越大越好。小户通过引导扶持，扩大规模增面积，成长为最佳的盈利大户。要建立大户通讯录，随时保持联系；与大户结成战略伙伴，视大户为衣食父母。

关键的"事"。关键的"事"主要是围绕春播进行的：一是健全农户资料完成"四统一"：即订单签订人、物资赊销人、甜菜交售人、资金结算人，均为一人，以规避财务风险；二是全力推进"三早二防一密"严格按照公司制定的工作时间表，实时早播种、早育苗、早移栽；防好病虫害，春季主要是防立枯病病害和象甲、网目沙潜、蚜虫等虫害；抓好密度，赤峰有了一定的密度基础，需要继续巩固提高。这项工作做到位了，产量和含糖的目标也就越近了。三是完成农机推广计划，农机落后是制约甜菜发展的主要矛盾，已在业内达成共识，赤峰要千方百计地完成 40 台套农机推广计划，并达到核定的作业面积，让农民真正得到农机推广带来的实惠。

关键的"区"。一是优势区：发展甜菜订单也要扬长避短，我们不要在烤烟、蔬菜、胡萝卜、马铃薯、万寿菊等作物的主产区死缠乱打，要在甜菜的高效优势区下苦功夫、做大文章。比如松山区大庙的李家营、猴头沟、翁旗的红山、外埠的凌海。二是高糖区：找到比平均含糖高出 1% 以上的地区，并且增加面积，比如松山西部、敖汉北部、翁旗的北部。三是安全区：不容易发生抢购造成外流的区域，扩大面积，比如松山全部、喀旗西部、翁旗西北部。四是项目区：通过推广膜下滴灌技术，增产、增效明显的项目区，与政府配合增加面积，如松山的城子、太平地、官地、翁旗的桥头、解放营子等。

我们的目标是：盯住关键的人，抓住关键的户，做好关键的事，把握关键的区，完成关键的 KPI。

# 14 农业与农机的关系之管见

甜菜生产的机械化水平低和推广速度慢并严重制约其发展，已越来越引起博天总部高层的关切和重视。去年开始，已在部分工厂组建和充实农机团队并加强了领导力量。农机在内的新的管理架构实施后，如何为农机职能准确定位，如何摆布好农机与农业的关系，使农机与农业形成合力，实现预期的目标，是我们基层管理者必须面对与思考的问题。现据赤峰分公司的实际窥豹一斑，意与同事分享。

农机职能的定位：农机是为农业服务的，是农业的重要组成部分，是农业的"助推器"和"加速器"。

组建农机团队的目的：让"农业"扩大面积、提高产量；让"农民"降低成本、增加效益。

——农机是农业实现跨越的"突破口"。农民种植甜菜的积极性源于比较效益、来自于纯收入的增加；以下是大家熟悉的一个公式："甜菜产量 * 甜菜价格 = 农民纯收入 + 甜菜总成本"由此看出，增加农民纯收入主要有三个要素：增加甜菜单产，提高甜菜价格，降低甜菜总成本。甜菜单产的提高空间有限，况且甜菜单产与含糖呈负相关；提高甜菜价格企业成本的承受能力有限；降低总成本最有潜力，在成本构成中，土地租金价格看涨，生产资料价格看涨，灌溉成本看涨，只有用工成本有较大的下降空间，降低用工成本的主要途径是推广机械化；博天首开先河在中国的制糖企业中组建农机团队，找准了农业实现跨越的"突破口"，是"对症下药"。

——农机与农业的合力来自于相互支持。农机与农业是一个有机的整体，不是两驾并行的马车，不能各自为政、各行其是。美国一位著名的管理学家说过（大意）：一项成功的管理，需要来自上级的授权、下级的拥护和同级的支持。如果权重为100的话，来自前二者的权重仅为15，而后者的权重为85。可见同级支持的重要性。农机与农业至少需要四个层次的相互支持：农机副总与农业副总，农机、大客户经理与供应经理，自种地经理与农艺经理，农机技术员与农务员的相互支持。没有以上的相互支持和密切配合，农机的作用将无从谈起。

——农机推广是增密、增产、增糖的主要途径。对于赤峰分公司来说，甜菜数量固然重要，但是甜菜含糖更重要。因为我们向农民购买的是甜菜的糖量，而不是甜菜的重量。农机的推广才能使甜菜的密度增加、产量增加、含糖增加成为现实；当播种、移栽、修削、起收一亩地高密度与低密度甜菜消耗工时对等时，农民才肯增加密度；而密度的增加甜菜的块根才能均匀，含糖才能够提高；每亩达到5500株以上，株重达到1公斤，单产达到 5 吨以上，甜菜含糖达到 15.5% 以上，就赤峰而言即达到了比较理想的境界。

——农机的使命有其历史的阶段性。农机作为农业的"助推器"和"加速器"，当它把农业送入"预定轨道"之后，便完成了历史使命。何为"预定轨道"？一个层面是通过机械化的推广，最大限度地降低甜菜的生产成本，从而使甜菜价格出现稳定或下降趋势，而且不会因此下调影响农民的种植积极性，甜菜产量持续增长并使工厂达到满负荷生产；另一个层面是甜菜生产的机械化程度或者说机械化作业面积达到 70% 以上，把推广机械化变成了农民的自觉行为，而不是再靠政府和企业补贴的方式推动，使甜菜生产实现由人工密集型向机械作业的根本转变

# 15　2012年12月21日

今天是 2012 年的冬至；

这是个被许多人预言为世界末日的日子；

今天的太阳依然会从东方升起；

像每天一样，6:50 驱车到公司，打开电脑，查看 7 家工厂的生产日报表、集团邮箱、空间动态、美糖美股、网易新闻、赤峰天气预报；世界各地没有发生重大的自然灾害，包括美国的黄石公园也没有异样的报道；

7:50 换上 PPE 到车间会议室参加每天 8:00 的晨会；

8:30 乘车去敖汉查看甜菜保管、除土机运行情况；

昨夜小雪，大约 2 厘米，G45 大广高速，雪渐大；车轮与路面上的积雪发出吱吱的节奏声，不敢提速，80 码左右，积雪没有融化的路面上又增加了一层润滑剂，偶见车辆滑下路基。

奈曼出口、大沁他拉，道里改站，正要调头去舍力虎水库，发现已经 12:16，司机说那里没有吃饭的地方，干脆就地吃饭，三人二菜三碗米饭；12:50 碾着乡路上更厚的积雪，骑着或上或下的车辙，直奔 9 公里以外的水库，舍力虎水库其实早已干枯的没有一点水，更准确地说这里已经变成了一个名副其实的农场；一望无际的库底除了没有收获的玉米就是起收的半拉胡片的甜菜；10月下旬，内蒙古中东部偏南地区遭受了1961年以来最大的雪灾，这里是重灾区；连续的降雪、持续的低温，使积雪达到50厘米以上，人们还没有来得及收获一年来的劳动果实，就被冻在了田里；在封冻之前尽管人们顶峰冒雪抢收出了大部分，最后损失仍然不小；这里应该收获1万多吨甜菜，为了减少农民的损失，我们让农户干脆化整为零，各家各户先起收、堆垛，再由糖厂上门收购发运；我们的收购除土人员在这里已经连续工作了30多天，司机指着3公里以外高高扬起的除土机支架说，看那里就是我们的站点；由于降雪暂时没有运输车辆到达，我们又北行2公里到达同事的住处，这哪里是什么住处？其实就是一个简易的井屋子，一间八面透风的小窝棚，锅台连着炕，吃住一间房，三个人裹着大衣、围着被子、卷曲在炕上，屋子里感觉不到温度，夜间就更难以想象了；包括外雇的三位同事蓬头垢面，好像很多天没有洗脸了，被晒黑的脸已有了一层薄薄的皱；这就是我们的同事，他们就是在这种冰天雪地的环境中坚守岗位、坚持工作并保证公司连续生产的，为了落实公司"晚上不压车"的指令，他们往往要工作到深夜，不能按时吃饭，更不能按时休息；有时还要因为除土不彻底、机器出故障受到领导的批评甚至处罚；由此，我突然想到了生活在高原上的缺水、少菜、营养不良的藏民兄弟，不觉催然泪下——。这样的小分队全公司共有 6 个，他们都是在这样不畏艰辛地工作着，这些同事大都是近年招聘的 20-30 岁的 90 后和 80 后，也有一部分是城里长大的帅哥，他们完全可以放弃离开，但是他们没有一人这样做，这也许就是企业文化的力量。

从他们身上我看到了公司的希望，也预测到了他们个人的未来！

# 16　写给《英联糖业》首刊

英博南北

联通东西

糖之希望

业界旗帜

# 17 树高千尺不忘根

内蒙古赤峰富龙糖业有限公司舍企保农、农企双赢纪实

在赤峰、内蒙古东部、辽西、冀北的广大农民中间，一提起富龙糖业，人们都会激动地竖起大拇指，跟你说出个一二三来。

赤峰富龙糖业有限公司是个以生产甜菜糖为主的农业产业化龙头企业脱胎于一个破产企业。三年前，这里的厂区蒿草遍地满目凄凉。由于两年多停水停电设备80％以上冻损锈蚀，好多已经报废。当时有人预计，要把这个烂摊子收拾起来得需要800万元资金，200名技术熟练工，半年时间。在总经理的带领下，80名创业者披星戴月，夜以继日，克服了常人难以克服的困难，仅用了120天，投资120万元，就修复了所有的机器设备，并且在当年的生产中实现利税538万元。

经过短短三年的艰苦努力，今天的富龙糖业已经是一个日处理甜菜2500吨，产品通过ISO9001国际质量体系认证，原料基地横跨内蒙古、河北、辽宁三省区的农业产业化龙头企业，对带动农民致富，转移农村剩余劳动力，提高地方财政收入，

促进相关产业发展都做出了积极贡献。

企业的成功离不开正确的经营指导思想。公司创立三年来，他们时刻把农民的利益放在第一位，从甜菜种植、技术指导、生资供应、田间管理到甜菜收购，都为农民提供优质服务。尤其是当企业利益和农民利益发生矛盾时，他们宁肯牺牲企业的利益，也要重诺守信，不使农民的利益受到任何损失。用公司总经理的话说："农民的利益保住了，种菜的积极性就上去了，糖的产量就大，农民收入增加了，企业也有效益。虽然企业损失了一些暂时的利益，换来的却是长远的发展。这就叫'双赢'！"

在这方面最受农民称赞的。

一是向农民倒打"白条"，即春播前把农民种植甜菜所需的种子、化肥等生产资料赊销给农民，农民只需在甜菜订单上签个字就可以不花一分钱种上甜菜。农民说："过去是企业给咱打白条，现在是咱给企业打白条。还是富龙糖业真心对咱庄稼人好！"

二是及时兑付甜菜款。三年来，富龙糖业在兑付农民甜菜款方面坚持不打白条，即使在白糖价格下跌的情况下，为了保证农民能及时拿到甜菜款，他们宁肯企业受损失，也决不待价回升，限量销售，而是边销售，边回笼资金，把甜菜款及时送到农民的手中。三年来，仅甜菜款一项，他们就为农民增收近亿元。

三是实施糖业人力资源扶贫工程。在甜菜主产区的贫困乡镇贫困村的特困家庭中，选择没能升学的高中毕业生，送到高职院校学习，取得毕业文凭后到公司就业，事先约定工资标准和专业岗位。有效地解决了特困家庭子女升学难和就业难问题。

2004 年，赤峰富龙糖业有限公司为进一步落实中央关于"三农"工作的一号文件精神，充分发挥龙头企业在增加农民收入中的特殊地位和作用，积极调整经营战略，进一步转变经营思路，给农民让利 1000 万元，鼓励农民调整种植结构，大力发展甜菜生产，全力推进甜菜制糖业的产业化经营。

根据甜菜的种植区划和糖粮比价，在企业少盈利或不亏损的前提下，他们将今年甜菜主产区的收购最低保护价定为 290元／吨，比上年上调 45 元／吨，按 25 万吨订单收购计划计算，2004 年富龙糖业公司将让利给农民 1125 万元。价格政策出台后，得到了广大农民的普遍欢迎，农民种植甜菜的积极性空前高涨，目前虽然距春播还有一段时间，而订单签订和物资下拨工作已经在紧锣密鼓地进行。今年富龙糖业公司的甜菜种植面积有望再创历史新高。

他们在及时兑付农民甜菜款，不给农民打一张白条的前提下，继续完善农用物资的"倒打白条"政策，2004 年将赊销给农民甜菜种子 220 吨，拌种农药 15 吨，纸筒 60000 册，甜菜专用肥 4000 吨，农用物资赊销额达 900 万元，富龙糖业公司为此贴息 80 多万元。

为了有效地解决农民在种植甜菜中遇到的技术问题，他们编印了《甜菜丰产高糖栽培技术》资料万余册，下发到种植大户。今年春节刚过，原料公司的全体工作人员便深入到种植区的五个旗县区、35个乡镇、151个自然村，开展甜菜订单政策宣传和技术培训，到2月底，已培训农民12000人次，深受农民的欢迎。与此同时，还投入150万元，推出了鼓励集中连片种植、扶持中低产田改造、发展旱地纸筒覆膜、适时早播和强化病虫害防治等一系列措施，为农民增产增收提供了有力保障。

大树参天，扎根沃土，心系农民，长盛不衰。我们相信，当北国大地秋风再起的时候，富龙糖业人迎来的必定又是一个丰收的季节！

【此文刊登在2004年3月19日的《农民日报》上】

# 18 十五年期货交易之感悟

从 2006 年白糖上市交易开始，我便涉足期货交易，至今已经有 15 年的经历；其中的酸甜苦辣一言难尽，像多数的期货交者一样，韭菜割了一茬又一茬，小韭菜逐步变的粗壮，活下来就是胜者；现将十五年之感悟梳理如下，让"老期"见笑，为"小期"提醒。

一、初识期货——北京国二招；

2006 年中国糖业协会在北京国二招召开年会，有幸结识了当时北京中期期货的马总，了解到白糖期货交易的有关规则，顿感白糖上市交易给食糖生产企业带来的深远影响，不仅能规避白糖季产年销的市场风险，而且还能通过套期保值锁定利润后倒推甜菜收购价格，让利于农民，增加原料种植面积，实现制糖企业满负荷生产。从那时起，公司便开始尝试期货交易，个人也小试牛刀；一年多下来，公司盈利几百万，个人却交了昂贵的学费，由此产生了以下可以借鉴的经验与教训。

二、亏损死扛——盈利受不了；

亏损了不想及时止损，分不清是洗盘还是趋势，还期待行情翻转，结果越亏越大，有时都不忍心看盘；甚至到被迫砍仓或追加保证金。被套后就期待解套，解套后有点盈利就受不了，平仓出来，可谓是"苦尽甘来""翻身农奴把歌唱"，其实是一波行情才刚刚开始，又后悔不已。有人说：螺纹钢从1570元/吨涨到6100元/吨，如果做多了（可以移仓）就发大财了；白糖山7300元/吨跌到2650元/吨，如果做空也发大财了；但是人性告诉你，理论上是这样，但实际任何人都做不到。

走错了方向，停止就是进步。

三、逆势建仓——成功概率少；

一波行情没有走完，行情没有出现翻转的迹象，就凭经验感觉是"顶"了，或认为是"底"了，就开始贸然逆势建仓，其实是在半山腰上，结果建仓即亏损，直至到行情出现翻转前一直被套；这段时间的煎熬也是很痛苦的，浪费了资金也浪费了时间。

看不准时机，就要像狼一样等待。

四、亏损加仓——追逐平均价；

与止损相反的操作就是亏损加仓，总是认为行情出现翻转，追求持仓均价与盘面均价的最小亏损，这样做遇到单边行情就会造成持仓过重，出现爆仓的风险，也是不可取的操作手法。

知错必改，比盈利更重要。

## 五、仓位过重——爆仓的主因；

受人性的驱使，总是超过规定的持仓，正常应该控制在30%以内，但实际上经常超过60%，甚至出现满仓操作，往往积重难返；直到期货公司提醒减仓或是追加保证金。而每每在减仓后，行情立即出现翻转，纠结之心难以言表。这就是期货人所说的：行情在绝望中诞生，在争论中持续，在欢乐中灭亡。在苹果、铁矿石、焦煤等品种上都有过深刻的教训。

大道至简的前提——知行合一。

## 六、政府调控——技术面失灵；

期货品种里有很多属于国计民生的商品或战略物资乃至涉及生态环境，粮棉油糖肉、有色与黑色，国家是对这些商品是适时调控的；这些品种需要特别小心，尤其是出现单边行情的时候。国务院的一次常务会、发改委的一个文件、环保部的一道巡视、安监部门的一次调研，都会引发某些品种的特殊行情；而此时，什么 K 线、KDJ 线、MACD 线、均线、金叉、死叉等技术指标都统统失灵。

收储与抛储，需特别关注。

七、金融属性——基本面脱离；

商品期货不仅仅具有商品属性，更重要的是赋予了金融属性。单单用基本面、用价值规律、用制造成本去分析是远远不够的；商品交易的背后其实是金融资本的博弈。记得有一年在白糖的期货交易中，业内的人士多数亏得一塌糊涂，而不少业外的交易者却赚得盆满钵满。原因就是行情与成本的背离幅度过大，而超乎业内人士的预料。

价格与价值背离，是期货中的常态。

八、关注主力——持仓很关键；

据说：股市中散户盈亏比例是2:8，而期货交易中散户盈亏的比例是1:9，散户的风险是巨大的，在期货中盈利无异于刀头舔血。在交易中机构是处于相对优势地位，散户则是弱者，很容易被割韭菜。因而，在一个品种上就要特别关注主力的动向，尤其是前几位的持仓。跟着主力的方向走往往是不会错的太远。

主力是旗帜，有旗帜才有方向。

九、管理自己——最大的挑战。

期货交易是商品和资金的博弈，而操作上实质是人性的自我挑战，"恐惧"和"贪婪"是两个最突出表现。期货交易必须严格自律，并具备良好的心理素质。风险、止损、轻仓、趋

唐人随笔

势等规则要做到知行合一。传说，一家期货公司招聘人员，需要在模拟交易前后测量血压和心率；如果数值变化过大是不会被录用的；期货交易者良好的心理素质是必须具备的。

期货有赚不完的 Q，却有赔完的 Q。

# 第二章　生活篇

# 19　怀念父亲

2009 年我的父亲 72 岁了，我的父亲没有上过学，我的父亲是位淳朴的农民，我的父亲至今还在工作。父亲对于我来说就是一部厚重的，学不完的，看不全懂的教科书。

小的时候奶奶对我说，父亲的命很苦，11 岁时爷爷就去世了。是奶奶一个人含辛茹苦把父亲抚养大的，奶奶没有再嫁，直到 1976 年去世。父亲特殊的成长经历，磨砺了他吃苦耐劳，坚韧不拔，知难而进的品格。在那个兵荒马乱的年代，父亲没有上过学，没有机会上学，也上不起学。后来只是在生产队的夜校里，上过扫盲班，父亲就是靠这个机会，学到了很多有用的知识，以至以后在生产中的应用和创新都让人难以置信。

在那个队为基础、三级所有的人民公社时代，父亲是生产队的骨干劳动力，样样农活拿得起、放得下；由于实干、勤奋和敬业，后来当上生产队的饲养员，起早贪黑的伺候着生产队的主要畜力资源，每匹马每头牛叫什么名字、什么脾气秉性、食草食料量的大小、甚至连生日都了如指掌；记得队里的文艺宣传队有这样的台词："看那边、饲养员，添草拌料不消闲，牛马喂的滴溜圆，拉犁拉车一溜烟。"父亲的悟性极好，只跟大队的木匠师傅学了半个月的徒，就当起了生产队的木匠，当时木工算是技术工种，每天给记10个工分，每到春秋大忙季节，父亲经常忙到很晚，从没有要求过增加工分；父亲没有学过数学，不懂得几何，也不知道圆周率3.14是怎么回事，却能把木轮车的车轱辘做的又圆又严又结实，以致若干年后蒙古族老乡来请父亲去做勒勒车道具；父亲没有学过机械，却能把轻便车上的轴承创新地嫁接到木轮车上，引来许多外地的木匠来学习；父亲做木工活最赢人的特点是，能综合利用各种木料，做出结实耐用的木器，一些看上去废弃的边角余料，他总是能出神入化派上用场，而经父亲作出的木工产品轻易不会损坏；小到镰刀把、木叉齿大到木轮车、建房固檩木。父亲的木工一直做到生产队解散。

父亲年过花甲以后，基于健康安全和生活方便的考虑，在我的几经劝说下，父亲才勉强同意从乡下搬到县城居住；父亲总是闲不住，从来没摸过自行车的他，硬是用了一个晚上学会了骑三轮车，之后就成了板的师傅跑起了出租。我说："你的客源都是年龄比你小的人，有一点同情心的人，谁愿意让你一老人当车夫，同时你的体力、速度都不如年轻人。"劝说无效；一次意外改变了父亲的想法，那是一个大风天的早晨，父亲拉着一位女士去送学生，由于风大、急促，在一拐弯处连人带车侧翻了，把乘客给摔了一下，父亲马上把那女士送到医院，交钱、挂号、找医生，待那女子的哥哥赶到，才知道那女子是我同学的妹妹，简单包扎一下就没事了，我趁热打铁邪乎大势说服了父亲，至此放弃了跑出租。后来父亲又抄起了老本行，瞒着自己的年龄到建筑工地做木工，从此被建筑公司看中，第二年五一还没到，工长就来找他上班，我背后和工长说了父亲的"坏话"，建筑公司才放过他。再后来，我给父亲找了一份在一商场值宿的工作，比较轻松相对安全，半年后父亲辞职了，原因是晚上不能照顾母亲。最后父亲去了一社区搞保洁，据父亲说春节前还受到了政府的表彰和县长的接见，父亲好高兴，而我好心痛！

　　父亲有着自己坚定的信仰，十分虔诚，而且十分执着，而且忠贞不渝；父亲相信《圣经》是生命的指南，从小就教育我们，多做善事，父亲的信条是：多做好事，莫问前程；多做好事，必有前程。后来这句话成了我做人的准则，并将使我终身受益；在父亲看来，每个人一生所做的善事和恶事，上天都有记载。我的理解就像我们财务上的《资产负债表》，一生结束，是有人给你结账的；净资产是"善"，就有好报；净资产是"恶"，那就有恶报。父亲视劳动为己任，他说这不是做给别人看的，而是在尽自己在世上的义务，在父亲眼里：不劳而获、生活奢侈、浪费资源、追名逐利也是恶。也许这就是父亲的人生观和价值观；也许这就是我一生都读不全懂、还要继续释的地方。

　　自己已近耳顺之年，屈指算起来和父亲朝夕相处的时间不过 14 年，因为 14 岁那年我就去了公社的寄宿中学，后来到县中学，再后来就去了外地求学，工作后就离开了老家，也离开了父亲；14 年再剔除儿时的时光，真正接受父亲言传身教、和父亲交流的时间就少之甚少，只有工作闲暇回趟老家与父亲小聚，和父亲总是有聊不完的话题，有时谈到深夜、有时睡一觉醒来再谈、有时彻夜长谈，总有说不完的话；每次离开老家父亲总是眼含泪水、送出老远、还不停地挥手，每次从老家回来我都背着沉甸甸的愧疚，和父亲在一起的时间太少了，欠父亲得太多了，不仅是时间，还有关心，还有交流，还有爱；儿子在外地上学寒暑假返校后，每次忘记报平安，总是遭到我的臭骂，而自己每次从老家返回，也总是忘记给父亲报平安，每每都是父亲把电话打过来："** 到家了吗——"？

2020 年我即将临近退休，8 月份把父母接到市区来，准备陪二老安度晚年。可父亲由于积劳成疾，身体大不如从前；心率过缓、脑供血不足、低血压、记忆力明显减退。来到市区后先后住了三次院，一次在松山中蒙医院，二次在赤峰学院附属医院；在附属医院一次是由于早年头部受到过外伤形成瘀血，后来影响到右腿活动，在神经外科实施了头部微创手术，效果很好，术后右腿行动自如了。第二次是由于肠道穿孔，在普外科实施了剖腹手术，术后在 ICU 恢复了一周，由于穿孔部位愈合不理想，转到特护病房继续恢复；二周后病情恶化，后转到林西县医院保守治疗；并于 2021 年 1 月 10 日下午 4 时 16 分永远地离开了我们。父亲享年 84 岁。

在父亲最后一次住院期间，我们兄妹 6 家人轮流陪护父亲，陪父亲度过了最后的时光。这时我真正体会到"子欲养而亲不待"的含义。

父亲从住院到去世，有 3 个时刻使我的灵魂受到极大的震撼：一是第一次给父亲喂饭，父亲流泪了，我也流泪了——，父亲流出激动感动的泪，而我却是自责和愧疚的泪。儿时父亲经常给我喂饭，我却从没感动过；而我仅仅喂了父亲一次，父亲就如此感动。这就是父爱子与子爱父的差别吧。二是父亲肠道穿孔的那一刻发出了撕心裂肺的叫喊，让我五脏俱焚。父亲是一个非常刚强的人，做木工时曾二次被工具严重伤害，都哼不哼哈不哈，自己包扎一下，就挺过去了。父亲肠道穿孔的疼痛一定是到了极限。三是父亲病重弥留之际，不止一次和我们兄妹说："咱们回二八地吧，要不不赶趟了"。不禁让我催然泪下，树高万丈，叶落归根，父亲病危仍不忘要回到他生活了大半辈子的老家。

父亲给我留下了无尽的怀念。

# 20　又到丁香花开时

在县城老家的院子里，有我 24 年前亲手栽植的一棵丁香树，准确地说后来变成了一簇丁香树，每年的这个时节，鲜花盛开，香气袭人、枝繁色丽、纷纭可爱；虽身居闹市，但身临其境却有一种悠然见南山的感觉；今年再回老家的时候，丁香树已经不在，丁香怒放的地方已被一排整齐的出租门房所取代，失去伴随我度过 17 个春秋的丁香树，不仅令人黯然神伤。

1984 年底，我结束了 5 年多的乡村生活，被调到县城的一个机关工作，同时也想寻找属于自己的一爿栖身之地，不再延续住宿的单身生活，便托朋友租下两间部队裁军时遗留下来的旧营房，由于营房年久失修，加上长久无人看守，门窗、檩木丢失损毁严重，把营房改造成民房要花很大的工夫和代价，在改扩建的过程中，耗费了我大量的时间和心血；改造旧房必然是很多的修修补补，费工费力费时，除大宗的工程外，施工队不愿意承揽这些零星的修补，就得白手起家靠自己完成，垒墙、砌地砖、勾缝、打水泥地、瓦瓦、油漆、安装土暖气；通过一年多的当牛做马、昼夜加班，愣是把原来的二间房扩建到三间房，把旧房重新更换檩木、笆条、房瓦变成了准新房；房屋改造完工了，我也被改造成了半个"瓦工"。

第一次和丁香树的亲密接触是在1986年的一个春天，机关在绿化环境时，对一些花草树木进行清理挑选，自己对这种叫丁香树的植物很感兴趣，它给人的直觉是习性强健、喜光耐寒、花序硕大、淡雅芳香；兴趣的驱使，在下班时便从被清理残根断权中选了一棵小丁香，栽植在老家的庭院的一角，第一年还精心栽培，经常修枝、打权、施肥、浇水，第二年在不经意间它便由一棵变成了几株，第三年就长成了数十几株的团队。人说动物有灵性，其实植物也有灵性。

在老家居住的17年，丁香花花开花落，在丁香树的陪伴下，在丁香花品质的陶冶下，儿子完成了从幼儿园、小学、初中、高中、大学的阶梯式成长；妻子走过了就业、下岗、自费培训、自谋职业的艰苦历程；自己也经历了由政府职员到企业管理者的艰难选择。冥冥之中感觉到丁香树在告诉我们，无论在什么样的逆境和严寒下，都不能泯灭对春天和未来的向往；丁香花在启示我们，植物与人的生存都是一种精神，一种寄托，它带给世间的同样是吉祥和美满，是芳香、是亲情、是友情、是爱恋。

# 21 一个脑瘤患者的康复之路

2013 年 2 月 1 日中午 12 点一刻；

我被推进北京天坛医院神外八手术室，接受脑瘤切除手术——

2013 年 1 月 15 日下午，赤峰市医院一楼核磁共振检查室，我是最后一个接受脑部的检查者；根据等待的经验，我的检查时间延长，随着叮叮当当、吱吱嘎嘎、铿铿锵锵重复的噪音，直觉告诉我，一定是出了问题。

检查结束，走出检查室，一个高姓医生：你除了左侧面部麻木（检查目的），是不是左侧听力也不好？

我：是的。我吃惊他的判断力（听力早于面部麻木半年）。

我：高主任是不是我的脑部有了问题？

高：看看电脑的显示吧，左侧有一神经瘤，已经占位压迫听力神经和面部神经；瘤龄估计已有 2 年左右。

我看到显示屏上大脑左侧有一鸡蛋黄大小的肿瘤，后来片子上标注 2.5*3.9cm。

高；明天上午 10 点取片子，你认为有必要，明天我再给你做个核磁加强——

检查结果虽出乎意料，而我不但没有紧张；反而显得异常的平静和坦然。

回首过往，上天给予了太多的恩宠，那么余生接受些病痛和磨难，也是理所当然的；

回首过往，所作所为所思，善多恶少，也许上帝还不到收回我灵魂的时候。

1月18日，通过同学介绍，住进天坛医院南门的拓新宾馆，做着住院的准备；联系上主治医生，接下来是术前检查，之后是等待床位。

1月24日，接到医院通知，住进神外八，接着是住院培训，等候手术，本来预计1-2天就能手术，结果一直等待一周；后来才知道是在等待一位著名的专家。

1月31日，中午12点15分我被推进手术室，更衣后消毒，之后自己躺到手术床上；

此时此刻，才真正体会到是站在了死亡的门口，进一步与退一步，就是生与死的结局；

此时此刻，才真正体会到功名、金钱、权利、事业都是身外之物，距我是那样的遥远。

医生在我的头部缠上了一道疑似尼龙粘合带一样东西后，便与我有一搭无一搭的询问着，之后便失去了知觉。

不知道过了多长时间，我开始有了意识，就像被埋在很深很深的地下，被一个由远而近的声音在呼唤着，我答应了一声。接下来是术后核磁，再后来就被送到重症监护室；在监护室的24小时，倍受煎熬，有意识却说不出话，整个身体被固定在病床上，咽喉到胃部干渴的像冒火，只能吸吮放在嘴上的湿巾缓解，水是多么的宝贵；第二天我被转到普通病房，病痛有所好转。

后来才知道：手术整整进行了6个多小时，计划当天下午赶回赤峰的3名同事，一直等到我手术结束；世间真情难得。

后来才知道：一直等在手术室外的妻子和儿子，在手术超过预计的4个小时时，开始焦急的坐立不安；深感亲情无价。

身体恢复得很快，术后大脑的"内存"没有丢失，所有程序运转正常，鼠标指挥系统灵活，只是左侧面部局部"刷新"有些困难。2013年春节了快到了，为了减轻各方面的压力和惦记，在征得医生的同意后，2月7日正式出院。

天有不测风云。

出院的第二天开始高烧，而且高烧升级；2月8日晚间，又重新住进病房。看来病情非要我在医院度过2013年的春节不可。接着就是抗生素消炎，除夕之夜我是在极度的高烧中度过的，持续的高烧几乎使我的思维紊乱，精神近似崩溃，体会到了什么是"生不如死"；最要命的是第四天开始，每天做一次腰椎穿刺，用来化验脑积液是否正常，而且每次都不是很顺利，穿刺结束需要平躺4个小时；这样的治疗持续了10天，正月十三日，第二次出院。一次手术二次折磨，使我身心疲惫。

公司总部不但为我上了医疗保险，而且上了补充医疗保险；在复印病历时，有幸看到了详尽的手术记录，既感到惊心动魄，也体会到了神经外科医生精益求精的高超技术。

自从病情确诊后，就一直瞒着老家的70多高龄的爸妈，而且保密工作一直延续到我二次出院；这期间正值春节，惯例都是节前回老家看望老人，或是接到市里来共同过节；这次年前年后都没有照面，老人不免心中生疑，虽然通了几次话，谎称出国培训，也算搪塞过去；大年初一在病榻上的我，还是拖着沙哑的声音用电话给爸妈拜年，老人在那边说；大过年的培什么训啊，早点回来，妈妈很想你。我想如果我手术不成功，一睡不醒；该怎么和爸妈交代啊。

第一次出院在空间里不经意的一句"说说"，还是引起了四弟敏锐的警觉，他意识到我一定是身体出问题了。在四弟的一再追问下，我不得不道出了实情，并叮嘱他一定对爸妈保密，因为爸妈计划在他那里过春节。大年初三，四弟和爸妈谎称去太仆寺旗看客户；冒严寒、踏冰雪，从千里之外的锡林浩特驱车来北京看望我。当四弟坐在我的病榻旁，顿觉一股暖流热遍全身，满眼的热泪向心里倒流——

由于颅内神经受损，术后遗留的面神经炎，需要继续康复治疗。

2月下旬，在武警北京二院接受李晓荣教授的康复治疗；

3月中旬，在广安门中医院，接受针灸专家刘春玲的治疗；

4月上旬，在北京接受著名老中医赵鸿彬教授的针灸治疗；

7月上旬，在沈阳接受著名老中医专家李景云的治疗；

8月下旬，在赤峰市红山区接受退休军医魏**的康复训练。

关于术后面神经炎的康复，西医与中医的观点历来存在分歧；中医推崇针灸和中药的疗效，而西医则认为神经受损可以自然恢复，但是需要时间。

不知道是持续的中医治疗起了作用，还是西医的自然恢复到了时辰；我的康复经过术后3个月、1年的复查，已经没有问题，面神经炎也基本治愈。

在此康复一周年之际：感恩病重期间看望、关心、惦记我病情的亲人、同事、同学、特别是博天大家庭的领导和朋友们，是这些给了我康复的力量。

在此康复一周年之际：衷心感谢萧然SF为我所做的QD，是这些给了我精神的支撑。

在此康复一周年之际：把这些支离破碎的记忆，零零星星的感受，通过三言二语的梳理，供朋友做借鉴，给自己留纪念。

大病没倒、康复有加，有更多感悟。

## 22　八愣子山我心中的山

县城北行 20 公里，路北有一个小山村，那便是我的家乡，生我养我的地方。小村坐北朝南，前襟一水，背靠一山，那山就是名不见经传的八愣子山。我不相信风水，但是那山与那村，却疑似一尊正襟危坐的大佛手捧着一盘精致的玉珠。为了生存，父亲 14 岁来到这里；为了求学，我 14 岁走出这里；八愣子山——封存了我童年太多的记忆。

无论在百度里、还是在县志里，以至在有关旅游的资料里，你都搜索不到有关八愣子山的史料；据老人们的记忆，八愣子山海拔 1500 米左右，仅次于县内最高峰 1879 米的北大山，也次于 1744 米的大冷山，应该是县内的第三高峰，与泰山海拔相当；天气晴朗时，站在主峰上，可以清晰地看到 20 公里以外傲然屹立的县政府大楼。

八愣子山的东、南、西面隶属本村管辖，北面则隶属邻村管辖；20 世纪 70 年代以前，八愣子山树种繁多，植物茂盛；山杨树亭亭玉立，白桦林婀娜绰约，橡树群姹紫嫣红，冬青花傲霜斗雪；山上枝繁叶茂，山下绿草茵茵，羊群点点，泉水叮咚，牧歌悠悠。

20世纪80年代中期，生态遭到严重破坏，水土流失，树木几近灭绝；1996年政府开始致力于生态恢复，实施封山禁牧和人工造林工程，经过20多年的不懈努力，植被得到了初步恢复，树木开始再生；更值得庆幸的是，这里仍然保留着原生态，没有矿业开发，也没有旅游开发，没有注入人工的元素，地形地貌没有遭到践踏。

儿童时光，除了做好作业以外，捡粪、拾柴、割草、捋猪菜是主业；正是这些看起来平淡的农家活，却演绎出许许多多难以忘怀的故事。

——小的时候，跟着大哥学会了套（牛）车、卸车、装车、赶车；为了拾到更多的柴火，总是让牛把车拉倒更高更陡的山上，那时候就会使用詹天佑的铁路技术，通过走"Z"字，完成了上山登高；下山时更为艰难，再走"Z"字就会翻车，必须直行，为了克服惯性带来的危险，干脆把车轮固定一个，通过增加摩擦系数来加大阻力，同时一个人在一侧苫车防止倾覆，那些年我没少充当"配重物"，避免了多次事故。

——一次我和几个小伙伴到外村管辖的阴坡去砍柴，正当我们准备满载翻山而归时，邻村的护林员突然出现，要没收我们的镰刀和绳子，大家一下傻了眼；急中生智，我们几个核计着装降解下绳子、丢掉镰刀，之后迅速反手一起把护林员捆在树上；五捆并四捆背上柴火翻过山，跑到足够远时放下柴捆；

返回放掉护林员；再返回把柴火四分为五，背起柴捆，哼着《西边的太阳就要落山了》，走下八愣子山，穿过白石垃道。那件事一直没敢和大人说，那个护林员也未曾找村里理论过。

——那时的农活基本靠手提、肩扛、身背，效率低，强度大。12岁那年听说巴林右旗查干沐沦苏木的老叔家有一副废弃的双铧犁轱辘，我就徒步百余里将其背会，让父亲给改造成一辆小推车，从此它就成了我的好帮手，无论拾柴还是捡粪，都实现了"多快好省"；八愣子山脚下留下了我多少人力车的足迹。后来生产队有了轻便车、马钢车；分田到户后，家家户户不再为烧柴发愁，有的已经使用上了液化气；烧不完的秸秆都成了村里的垃圾和肥料，我那小推车也早已光荣退役了。

——在八愣子山的胸前拾柴捡粪，累的时候就坐在被太阳晒热了的石板上，望着对面的公路上从北而过来的班车，遐想着是否今天远在西乌旗的姑姑来家里；一方面来看望奶奶，更主要的是姑姑会带来一些好吃的食物；比如糖果、奶豆腐、蒙古果子、炒米等等。要知道我们当时带的午饭常常是一个玉米面饼、一个咸菜疙瘩、一背壶水啊。想着想着就不知不觉睡着了，等到醒来时天色早已擦黑。

——八愣子山的西面，原来有一个解放军的连队，这里有很多部队建设的防空洞，现在已由当地武装部代管。连队里有一个广州籍的排长叫吴大坤，和当地的百姓相处得很好，我们去八愣子山西面捡粪拾柴时，经常得到吴大坤排长的关照，在山上割柴每到吃饭的时候就招呼我们下山一起就餐，还经常送给我们一些退役的军用品。吴大坤那时说过的一句话我一直没有忘记：是食就充饥，是衣就御寒。在艰苦时期，不要过分地强调吃穿的质量。

——每当我们进山晚归时，眼神不着、腿脚不灵的奶奶总是步履踉跄的爬上后梁，一遍遍呼唤着我们的乳名，盼望我们早早回来。现在我才真正体会到隔代老人对晚辈的一颗拳拳之心。

# 23 又品老家"炒面"香

炒面是20世纪80年代前流行于赤峰地区的一种方便食品；炒面相当于现在的"方便面"，有水即可食用；炒面的主要原料是莜麦、玉米。

清明节回老家，几个儿时的同学坐到一起，无意中扯到炒面上，便衍生出许多关于炒面的话题；

从离开家门到寄宿学校开始，炒面就作为主要口粮与我们"形影相伴"，跟随着我们完成了初中、高中、甚至更高的学业。

上世纪70年代中期的寄宿学校，住宿和学习条件都还极为艰苦，很少有同学到学校的食堂订饭，多以从家里带来的炒面和部分干粮充饥，但是食堂的米汤必不可少，要用它来和炒面，米汤不够时食堂师傅就直接加水，正像人们所说，喝米汤都喝不上陆来。

那时学校根本没有餐厅，一日三餐都在宿舍完成，宿舍是筒子屋、调山炕，没有取暖设施，更不要说暖气，温度总是在0度上下徘徊，吃饭慢，或是吃饭晚的同学没等吃完，和好的炒面就被冻到碗上，这是常有的事。

学校休大礼拜，即每2周放一次假，一次放三天，说是休息倒不如说是回家去拿口粮，每到大周日的晚上，同学们就像"黄鼠狼搬家"，络绎不绝的背着大袋、小袋的炒面返校了，就是这样不断的给养支撑着数、理、化的成绩。

那时的炒面基本有二种，一种是用莜麦做成的属于"细粮"，吃起来香喷喷的，如果再加上一点糖，那简直胜似土豆烧牛肉了；一种是用玉米做成的属于"粗粮"，远不如莜麦炒面，只在嘴里打转就是咽不下，最多算社会主义初级阶段；据我所知前者与后者兑换比例是1:2。

那时如果能够从家庭富裕的同学那里匀到一两顿细粮，总要给对方一些补偿，比如帮助解答疑难试题、把稍暖一点的铺位让给对方、替对方值日搞卫生等等。

那个年代炒面对成年人来说也是必不可少的方便食品，无论是上山砍柴，还是出远门，乃至送畜出场，只要背上一代炒面，就不会挨饿了；记得当年一位本家老人对我讲：一袋炒面要比全国通用粮票好使，有粮票没有钱不好使，两样都有了也有买不到东西的时候。

离开老家时，同学真的弄来了几袋包装精致的莜麦炒面，非要我找找当年的感觉——

现在，我们的生活水平提高了，依然忘不了四十多年前与炒面相依为命的年代；也常常想起七十年前，抗美援朝的志愿军在战场上那一把炒面一把雪把美国鬼子打败的壮举。

咂，40多年过去了，又品老家"炒面"香。

# 24　老家的火炕

　　我的老家都有一个习惯。

　　就是久居在外而又不能回老家过年的人，节前都要回家看看老人和兄长。

　　我的老家是一个并不算偏僻的小山村，距市区200多公里、县城20余公里，进村时已经是晚上7点多了，早先万家灯火的村庄，现在已经变成星星之火；灯光暗淡，村路凹凸，偶闻犬声，寂寞的令人有些局促不安。

　　有机会在老家睡一次火炕，重温30年前的感受——

　　由于生活的原因，从小对火炕情有独钟。

　　上中学之前自己不仅能够排除火炕的种种故障，而且会熟练地盘出合格的火炕，因此也多次扮演过"包公"。

　　农村的火炕其实就是运用自然的气流，使灶膛与烟囱同外界形成负压，达到做饭与取暖的热能综合利用。

　　学习盘炕要从拆炕做起，一般情况下，好烧的火炕一年多也都要局部的扒开清理一次。或是烟囱下积灰过多出现正压，通常所说的"不好烧"，或是炕洞里挂礁导致炕面不热以及热的不均匀，或者是家里小孩在炕上蹦极造成立砖倾斜使炕面塌陷，还有儿童恶作剧把杂物扔进烟囱等等。

老家的火炕一般都是高 70 厘米、宽 200 厘米左右，长度视其房间的大小而定。炕内填上半箱土，烟道分"花洞"和"三洞"；前者类似弯曲规则的羊肠子河、后者就像分布均匀的扇子面，二者最终归入烟道，气流从烟囱排出。

火炕的底面要前低后高，即灶眼这面低，烟囱那面高，切忌水平或前高后低。

炕面分土坯和石板的，土坯事先托好晒干，规格一般50*50 的，使用起来很方便，特点是热的相对慢一些凉的也慢一些；石板的都是天然的，不是很规则，需要像拼地图一样合理拼凑组合，石板炕热得快、凉的也快，相对比较牢固。

抹炕面至少需要二次，一次需要瓢子大一些的黄土泥，目的是固定土坯或石板，弥合空隙；烧干之后再来第二次；二次使用小麦壳和的黄土泥，为了找平和美观；最好在烧干了炕面上再糊上一层牛皮纸。

火炕冬春需要天天进火，睡起来十分舒服；夏秋也要每隔二三天进一次火，否则容易导致风湿病。

辛勤劳作了一天的人们躺在热乎乎的火炕上，所有的疲惫、烦恼都被蒸发的一干二净。

现在多数的人们早已告别了火炕，但火炕是我儿时成长的摇篮，火炕有我难以割舍的情怀。

# 25 "一路绿灯"带来的感悟

从住所到工厂大约8.3公里的车程,需要穿越"六街三路",即钢铁西街、哈达西街、桥西大街、木兰街、政府大街、西站大街,宁澜路、芳草路、英金路;需要通过"六个红绿灯"。由于工作的原因,每天早上6点需要准时到工厂上班;某日晨从住所到工厂,一一通过以上"六三六",一路绿灯,十分畅快,这是近十年来唯一的一次。是巧合、机遇,还是常态,引发几许感悟。

人的一生就像一次旅行,更像一次驾车旅行;

起点已定,终点未知,旅行的长度取决于自己的速度和上帝给你的时间;

纵横交错的街与路——是人生必须经历的旅程;

交错变换的红绿灯——是人生一个个重要的关口;

川流不息的车辆——是熙熙攘攘赶往目的地的人流;

永不停息的时间——是对每个赶路者最公平的裁判;

很多人站在同一人生起点上,却没有二个人站在同一终点上;

经历是不可缺少的，经历就是知识、就是财富、就是力量，从小学、中学、大学；青年、中年、老年；

每次遇到红绿灯，都是一次至关重要的选择，直行、向左、向右；守规矩、还是闯红灯，全在自己；

在路上安全最重要，既不要伤害别人，也不被别人伤害；

转弯的时候，一定要左顾右盼、瞻前顾后，慢进快出，不要一意孤行；

一生的长度在二因素：速度在自己，时间在上帝，速度 X 时间 = 距离，看看自己能走多远；

一路绿灯，或是有人开道，或是因为车少，或是因为起得早、也是速度和时间的巧合；

切记"一路绿灯"的几率很少，比守株待兔的几率还小，可遇而不可求；

横向的、纵向的，苦难、幸运，贫困、富裕，晋升、遭贬，该经历的都不可回避；

时间对每个人都是公平的，不要害怕意外，你的时间上帝是确定好的；

记住：升学、选职、成家、立业、生育都是人生中的重要关口；

记住：条条大路通罗马，世上所有的人都是"殊途同归"；

记住：再盛大的音乐会，也有"曲终人散"的时候。

# 26 又到一年立秋时

秋天来了

远山慢慢的由翠变红

秋天近了

田野渐渐地由绿变黄

秋天到了

河水缓缓地由热变凉


秋天里

收获着果实也收获着损失

秋天里

收获着希望也收获着失望

秋天里

收获着金黄也收获着迷茫


秋天要走了

不知为何来去这样匆忙？

秋天渐远了

之后真的就是严冬过往？

秋天不见了

冬天会折射出春的光芒？

# 27  清明节——怀念奶奶

奶奶，您在天堂还好吗？

我们来看您了；爸爸、大哥、三弟、四弟和我；

奶奶您在这里，面朝远山，春暖花开，已度过35个冬夏；

奶奶，35年，时光如梭，光阴荏苒，记忆衰退，可我却无论是在公务缠身的办公室，还是在出差的旅途中，以致在万事俱静的不眠之夜，总是想起您；您的音容笑貌总是经常浮现在我的眼前；在梦境里、在现实中，时常走近您，时常走近我，时常走入和您一起的岁月。

奶奶，我出生时，您才刚刚55岁，虽然父母是孩子的第一启蒙老师，可我接受您的思想影响最多；那时爸爸、妈妈要参加生产队里的劳动，和您在一起的时间也是最多的；您总是把我们的冷暖挂在心上，是您把我们拉扯长大；俗话说："3岁看大，7岁看老"。是在您的哺育下，我才得以长大成人；奶奶您离开我们那年，我已经16岁，已经是乡中学里的一名初二学生。现在我也已过天命，追忆起您给予我的精神上的指引，对于我的价值观、人生观的形成起到了至关重要的作用，甚至让我们世代受益。

——善待生灵。记得您给我们经常讲的一个童话故事，现在仍记忆犹新：一只断了腿的小燕子落到了一家窗台上，一位老妈妈把它抓住，包扎好受伤的小腿，并精心喂养，痊愈之后老妈妈把它放回了天空；第二年春天，小燕子给老妈妈叼来一枚瓜子，老妈妈把它种到庭院里，秋天结了好大好大一个倭瓜，老妈妈打开之后，发现倭瓜里面藏了好多好多金元宝。邻居听说了，就抓住一只小燕子，把腿阙断之后，再包扎，之后放生——邻居打开倭瓜之后，里面是好多好多癞蛤蟆，邻居吓蒙了。

——不求回报。奶奶没有上过学，也识不了几个字；奶奶却凭着惊人的记忆，背诵了好多半文不古的经文，并记住了好多《圣经》里的故事；经常教导我们，做好事不要留名，奉献不要回报；奶奶常说，做了好事留名是小功，做好事不留名是大功，上天知道即可。奉献求回报，就等于自己给自己增加了负债，包袱会越来越重，反之则是一种快乐；从小到大，按照奶奶说的去做了很多小事，的确感受到了无穷的快乐，小到力所能及的施舍，大到为灾区捐赠款物。

——以苦为乐。奶奶的病故源于一次意外，那是远在外地的姑姑来家里看望奶奶，第二天一起到县城里看病，在县城的国营饭店门前，奶奶为了照看调皮的外孙，不小心一脚踏空，跌入一米多深的临街排水沟——，后来奶奶就一直卧床不起，爸爸、妈妈一直照顾在身边；翻身、擦背、喂饭、梳头；奶奶生命的最后时刻，经受了常人无法想象的痛苦，可奶奶展现给我们的总是一张和蔼可亲的笑脸；奶奶总是说，这不是痛苦，这是上天给我的补赎，现在不接受，死后同样要经历；也许就是这样的精神，支撑着奶奶走完了她坎坷而非凡的一生。

——以德报怨。奶奶总是教育我们，要爱穷人，要爱你的仇人，不要记恨别人，在上天面前每个人的灵魂都是平等的。当别人打你右边面颊的时候，你不要还手，还要在把左边的面颊让给他。奶奶在村里的口碑极好，奶奶好多乐善好施的行为，曾经感动过好多亲戚朋友。

奶奶葬礼那天，几乎全村的人都去了，长长的队伍一直把奶奶送到 3 公里的墓地；奶奶是我一生中失去的第一位最亲近的人，后来才体会到奶奶的平凡和伟大。

奶奶我永远的思念！

# 28 安全带插扣——生死之扣

安全带插扣是一种可以安装在汽车安全带插孔中，司机不系安全带，安全带报警也不会发出警示音的插扣。由于这种插扣既可免去系安全带的麻烦，又可以让安全带警报装置"失声"。这种简易的汽车安全带插扣近期悄然成为汽车用品店的新宠，市场上可轻易买到，但你万万没有想到，这种自欺欺人的做法为安全驾驶埋下了极大的隐患。

随着经济的发展，人民生活的改善，人们出行的条件今非昔比，展现在国人面前的是：车越来越多；路越来越好；速越来越高；心越来越躁。这些所有的"因"导致的"果"就是——事故的风险越来越大。当事故突然降临时，安全带会最大限度地降低车祸给人带来的伤害。也许你系 1000 次、10000 次，有用的只有一次，这就是人们所说的"万一"。

下面这四个事故案例可以为大家提供借鉴。前两个是我亲历的教训，后两个是我的同事血与命的代价。

——某年正月初三，市区小雪，送来市区过春节的老爸老妈回县城老家，儿子陪同；一行四人小心翼翼地上了高速，由于路滑，车速也就是 30 公里 / 小时；在行驶到赤（峰）大（板）高速 30 余公里经过一斜坡时，车轮突然打滑，接着就是无规则的大尺度旋转，当时我已经失去了方向感；一阵眩晕之后，只听咣当一声，连车带人掉进了高速旁边的排水沟，索性车子没有倾覆，也没有撞到高速的护栏。由于平时养成了系安全带的习惯，车上的人安然无恙；如果不使用安全带的话，后果不堪设想，至少人的头部会遭到强烈的碰撞。

——某年的清明节，自己开车回农村老家扫墓，百里不同天，市区与县城仅仅 200 余公里，老家的降雪竟然达到 80 厘米，车子根本下不了公路，更不能上山去墓地；一场大雪让扫墓变成了家族聚会，来自外地的亲人们被住在村边的大哥一家留下吃午饭；中午回到县城，本应休息片刻再返回市区，由于公司事务，就马不停蹄的上路了。当行驶到省际通道距赤大高速 20 余公里时，感觉有些犯困，总是在提醒自己，该找个适合停车的地方打个盹；大脑稍一迟钝，车子就冲向路基，车子颠簸的像坐上过山车，顿时魂都吓飞了。高度紧张的把车终于开到了路边上；下车发现前保险杠只剩下一半，右侧后轮毂有剐蹭的痕迹。这样的险境，如果没系安全带，恐怕就一命呜呼了。

——20 世纪 90 年代初，我还在机关工作；某一天晚上我和司机送一位喝高了的同事回城郊的住所；那时候乘车系安全带的意识几乎没有，我的这位同事步履蹒跚，还非要坐到副驾驶的位置上。晚上的光线又不是很好，当行驶到一处农田灌溉的水渠时，司机点了一脚刹车，于是悲剧发生了。同事的头部狠狠地撞在风挡玻璃上，头部出了血，风挡玻璃也被撞得粉碎。如果使用安全带，这血的代价就不会付出。

——这个事故就发生在近期，我原来一个公司的同事，去年跳槽去了一家国企。在经省道去通辽途中在翁旗境内发生了交通事故，由于车速过快，车子撞上了路边的障碍物，他和坐在副驾驶上的随员被抛出车外十几米远，均不幸遇难。安全带如果能够发挥作用，就不会付出如此惨重的代价。

坏事能变好事。我所经历的事故，能够表述出来，能够唤醒大家的安全意识，能够减少事故的伤害，也算是一件好事吧。

无数次的交通事故，一再警示我们：安全带插扣，是生死之扣。

# 29 诀别师父江崇山

一个人一生会有很多领导，但却很少有称得上的师父；我的理解"领导 + 老师 = 师父"，江崇山便是我的后者。2012年6月14日早晨6点30分，林西殡仪馆，挽联，哀乐，与师父做最后的诀别；师父一生从事统计工作，享年76岁。在师傅的灵柩前，回首50多年的过往，幡然醒悟：父亲教我怎样做人，师父教我怎样做事。

关于"及时准确全面"。

"及时、准确、全面"是对统计工作的基本要求，这六个字也成了师父的口头禅，师父对此有更深的理解。

及时——时间性，时过境迁的数据就失去了价值，一个单位的数据不能准时上报，就会影响县、市、省乃至国家的汇总。

准确——真实性，统计的生命，失真的数据不但无用而且有害，用错误的数据做出的判断和决策往往会造成不可估量的损失。

全面——完整性，残缺的数据没有可比性，也会造成误导。

离开统计岗位之后才知道，师父的"三性"解读也同样适用于社会的其他领域，及时准确全面也是做好任何工作的基本原则。

关于"有理有据"。

师父总是说，统计工作的最高境界是把数据用活，报表完成之后，要进行"有理有据"的统计分析；我的理解师父说的"据"就是根据、数据。再回首，看看我们离开数据的分析、讲话，往往就成了空洞的官话、套话、甚至是废话。自己由一个统计工作者转行为一个企业管理者主要源于"有理有据"的统计分析。

2008 年去英国考察甜菜种植技术，在约翰大叔管理的农场看到一张 100 年来的施用氮肥数量与甜菜含糖量的相关关系曲线图，图中标出了最佳点，连续性、真实性让人感到震撼，这应该就是师父说的"有理有据"。

关于"酒品如人品"。

师父一生与酒有缘，俗话说：酒品如人品，师父喝酒可以说是"酒风正，酒容美、醉不悔"。绝不会出现三点现象（洒点、赖点、剩点）。师父的为人、为事和喝酒一样实在、干脆、利落、认真。由于饮酒"寅吃卯粮"的原因，师父身体欠安之后却滴酒不沾。和师父共事 10 年，最美的时候是下班之后去师父家喝酒。并从师父的劝酒方法中学到很多知识。在那个物资匮乏的年代，即为了减轻喝酒压力，又让你能够喝好，师父经常把一瓶酒分成几个大半瓶、半瓶，或三分之一瓶放在不同的橱柜里，先拿出半瓶并声称就这些，不会喝多；喝完了就再找找，总会又找到半瓶，就这样喝完找，找到再喝，不断地找、不断地喝，最后总会把你喝好。我们现在做管理，会把一个大指标分解成若干个小指标，或阶段性目标，小指标和阶段性指标完成了，大指标也就实现了，就这个道理。

师父给我留下的远远不止这些。

师父已去，精神永存。

# 30  纪念师父王玉成

王玉成，赤峰松山区人，20 世纪 80 年代初大学中文系毕业；他文好、字好、口才好；也许这些都不重要，重要的是他与我曾二次在一个单位共事，并且他始终是我的上级，并且经过努力成为他的徒弟；与师父在一起共事不过三年，

这三年正是我事业爬坡的时期，现在已近天命之年的我，回想起那三年的人生，可以不惭愧地说是最有含金量的，更是至关重要的；师父先后在地方志办公室、政府办公室、乡镇政府、县委研究室、外贸企业工作过；后来我认为师父才真正找到了最能发挥自己才能的岗位，2003 年末到北京《中国西部经济报》任总编，可惜天妒英才，2004 年 4 月份在去北京的列车上突发疾病，经抢救无效离开了我们，时年 49 岁；现在回忆起我们在一起的日子，一些精彩片断依然清晰可见、历历在目。

文章写得好：在研究室工作的时候，一天下午师傅说要写一篇关于企业管理的分析文章，就推掉了晚上的应酬；第二天一上班，一篇 30 多页 15000 字的《关于企业管理的 36 个黑洞》初稿就摆在了办公桌上（此文曾引起市领导的关注）；一宿、

一包烟、一壶茶、一篇深度分析；在没有电脑、没有网络的那个年代，师傅的效率、功底可见一斑。

书法功夫好：大学时代，师父曾获得过辽宁省大学生书法比赛第二名；最牛的是，有一年春节政府门口的春联由师父亲自撰词、亲自书写，为了歌颂政府一年来的丰功伟绩，师父精心撰写了一副 64 字的春联，并且用草书书写；春联贴出后，除了横批之外为数不少的人愣是念不下来；此事也曾在小城引起不小的轰动。

口才水平高：师父个子不高，气质绝佳；讲话声音洪亮，抑扬顿挫；一次政府召开一个规模不小的会议，还有一部分市里的领导参加，主持人是师父；领导们逐一进行完重要报告之后，主持人需要就贯彻会议精神做个小结，也就是会议结束语；师父作了一个精彩的会议小结，可称得上是历史上最牛的会议总结，散会后不少人说总结比领导的讲话还有水平，不知道这个总结后来给师父带来的是福是祸。

师父离开我们已经 18 年了，还是在他去世的前二个月，也就是 2004 年 2 月 5 日从北京给我来了一封信，说是三月十八日中央要开"两会"，可否在会议期间宣传一下企业，因为农业总是国人关注的话题，我所在的公司又是涉农企业；按照师父的吩咐，我把近几年零零散散一些素材搜集整理成初稿，用 EMS 发给了他；在 2004 年 3 月 19 日也就是"两会"开幕的第二天，《农民日报》在第 6 版发表了 2000 多字宣传公司的纪实性文章《树高千尺不忘根》；最后一段师父添加的点睛之笔："大树参天，扎根沃土，心系农民，长盛不衰。我们相信，当北国大地秋风再起的时候，赤峰糖业人迎来的必定又是一个丰收的季节！"。万万没有想到，师父来的那封信竟成了绝笔，《树高千尺不忘根》竟成了我们师徒最后的合作。

# 31  无稽之谈与见机行事

今年春短，过了正月十五，生产队就要开始备耕了，队里的犁杖拐把、车马挽具、车排粪帘等春播用具都需要维修，少不了木材；李队长准备带上段会计胸有成竹地要去县城找物资局的高局长帮忙。说李队长"胸有成竹"是因为春节前，县物资局高局长（兼木材公司经理）在生产队帮助搞了半个月的"斗批改"，这期间高局长自然成了队里的座上宾，顿顿有炒菜、餐餐上烧酒；临返城时满口答应，有事情一定到县里找他，别把他当成外人；尽管这样段会计还是偷偷地把一洋面袋子东西放到轻便车的后椅兜子上。

到了县城、到了物资局、到了高局长办公室，一阵寒暄之后，开始说起正事；听完李队长的来意，高局长面露难色："真不好意思，最近木材特别紧张，一季度的指标用完了，二季度的还没有下来，你们俩还是到木材市场去看看吧"。

段会计一看要没戏，接着说："高局长解决不了没关系，我们这次来一是买木材、二来看看你，春节前烂事太多没顾上，这不给你带来20只白条鸡，在门外的车上"。高局长稍微一愣，马上招呼办公室主任在局门口的饭店订一个雅座，席间高局长说："哎呀，大冷的天、大老远来了，我想办法把 *** 公社的指标给你挤一点吧，20 根原木、2 立方板材够了吧"？李队长连忙说：够了、够了，谢谢高局长，这下你可帮了我们大忙了，否则春播都困难了。喝了不少酒再加上有些激动的段会计小声嘀咕道；看来是这"鸡"起了作用。不小心被高局长听见了，高局长哈哈大笑说：我先说的话是"无稽（鸡）之谈"，现在是"见机（鸡）行事"。

# 32 教师节说起的几件糗事

今天是第 35 个教师节，我们陪老师一起过节，陈芝麻烂谷子想起了当年的几件糗事；

关于给水泥墙养生；

20 世纪 70 年代，公社中学的宿舍就是个简陋啊，窗户上几乎没有玻璃，窗户纸都是用报纸糊的，时常千疮百孔；由于冬季特别冷，有的男生早晨的第一次小解都懒得起来去百十来米远的厕所，干脆在宿舍门口建起喷泉，那响声在清晨特别刺耳，遇到老师早查批评后，就出现了变异；晨起小解的同学干脆贴着门口一米高的水泥墙面顺势而下，响声下降到 20 分贝；但最终还是被老师逮着了，于是在上午的课间操上，老师还是策略的一顿臭批："我们男宿舍的同学很辛苦啊，大清早就起来给宿舍的水泥墙面养生，那房子都建成了 10 多年了，现在才养生是不是晚了点，希望同学们立足当下，务好正业"。

关于羊皮褥子当上衣；

那时住宿条件艰苦，双面的通山炕几乎没有热气，用来铺炕的毛毡都是折叠起来的，褥子上面还有皮褥子，才能够度过那寒冷的慢慢长夜；冬季的早操是6点多，天还没有亮，跑到公社的西山烈士墓回来才能辨别出同学的模样；由于老师带队跑早操，谁也不敢偷懒；8年级4个班列队、点名、出发都是PK机制；一班有个同学由于起来迟了，顾不上穿上衣，干脆就把羊皮褥子往身上一披，双手抓住羊皮上的两条腿，潇洒地完成了一次早操，等到老师发现时，早操已经解散了，老师是哭笑不得啊。

关于咸菜疙瘩被盗案；

那时周六日实行大礼拜放假，上课2周休息一次放3天假；方便远道的同学回家充实给养，从家里带来2周可以补充的干粮和咸菜；老家的咸菜疙瘩出名的好吃，那也不是人人都有的，只有少数同学带来，而且都是独自享用，剩余的都锁进自己的小箱子，有些同学馋得直流口水；突然有一天，W同学的咸菜疙瘩被盗了，箱子好好的，锁也当当的，咸菜疙瘩生生少了半串。过了若干年才知道，原来同学把箱子底撬开，取出一半咸菜疙瘩后，又给恢复了原样；那时没有监控，就是报案，估计警察也破不了。

关于高考的题被老师给押中了；

那是恢复高考制度的第二年，中专和大学一张卷，初中生也可以参加。我们这些农村娃没有太高的奢望，能够升高中继续读书，毕业后回到大队当个代课教师就相当于现在当乡长了；当老师动员参加高考报名时，简直就是神8上天，由于有老师的鼓励，还是报了名；真的到了高考的那天，语文题还真的被老师给押着了——什么《最难忘的一课》，什么古文翻译——《曹刿论战》；就像摸彩票中了大奖，有语文垫底，其他课程也发挥得不错——才有了今天。

**关于男生女生盖一床被子：**

在县一中读书时，冬季有一天学生宿舍突然发生大火，女生宿舍几乎一切可用的物品都被大火化为灰烬，当然更包括行李；当时从家里现做又来不及，火灾后的夜晚怎么度过，得由学生自己想办法；最简单的办法就是——男生2个人合床，腾出被子给女生用，而女生也是二合一，度过了灾后的困难时期。30多年过去了，男女同学间开玩笑说：*** 女同学别牛啊，当年我曾经和你盖过一床被子。女同学的老公在场时，不明情况者，听到这话，就会立即晕倒了。

# 33　最短的事故报告

　　某冬日，小雪，某县领导一行人乘车由市区返回县城，在公路一拐弯处滑下路基。所幸人没事，车被 2 棵大树拦住轻微受损。大家脱险后便议论纷纷。有人说：对面来车没减速。也有人说：公路养护部门没有及时清理。还有人说：弯太急，公路设计有问题。更有人说：领导该换一台更好的车………

　　最后，领导给出了 7 个字的事故报告：雪大，路滑，技术差。

# 34　从擦鞋工到物业总经理

这是个真实的传奇故事，而且就发生在我身边。

那是 2001 年，由于工作的原因我从县城搬到市区，居住在红山区钢铁西街的一个叫松州园的小区，当时据说是市区的高档小区，这里的业主不凡市长、区长、行长、校长、局长——

在我家楼房对面的一楼，有一个名叫亮堂堂的擦鞋店，后来改名亮堂堂皮鞋美容店，据说主人公是一对从黑龙江来的 20 出头的小夫妻。由于这个擦鞋店服务好，态度好，定价好。这"三好"就是皮鞋擦得贼亮、脸上挂着微笑、顾客随便给钱。鞋凳子上还为顾客准备了各类时尚期刊，等待时可以稍息。所以小店生意十分兴隆，上下班时段擦鞋几乎都需要排队。这两个主人公非常和睦，没有业务时就在门前打起羽毛球，不时地发出幸福的嬉笑声——

小小的一个擦鞋店，实现了一般大企业都难以达到的境界；服务质量好，服务态度好，定价机制好，团队精神好；这不就是我们现在一贯倡导的互联网思维吗？因为他们善于分析客户心理，知道小区里经常给皮鞋美容的人，不会在乎那快八角的钱。让顾客定价既尊重人性，又达到了事半功倍的效果；这个机制比什么会员制、优惠卡都先进。这不就是我们天天说的"以人为本"吗？

为了解决擦鞋业务的"峰谷"问题，他们开始利用空闲时间为业主搞保洁：擦玻璃，拖地板，清洁家具，洗油烟机；样样都做得精彩。

后来，他们就把主要精力转移到了物业上，擦鞋店实施了外包。

他们的良好业绩和品质，感动了小区顾客当中的"贵人"，再后来贵人帮助他们注册了一家物业公司——

现在，那个男主人公已经是一家拥有60多员工，服务于26多万平方米，年销售收入超过360万元的物业公司总经理。

# 第三章　学习篇

# 35 关于企业流动资金紧缺的思考

资金问题已成为银行、企业和社会各界普遍关注的热门话题，由于资金紧缺，企业原材料难以购进，所需能源无法保障，职工工资不能支付，银行结算出现"压票"，企业生产举步维艰。资金的供需矛盾日益加剧。原因何在？如何缓解？本文就当前企业流动资金紧缺的成因及对策，谈几点粗浅的认识。

### 一、资金紧缺的深层原因

1、经济过热与经济紧缩发生撞击而产生的反射效应。改革开放以来，全国从上到下都期望在最短的时间内，通过改革给国民经济和人民生活带来最大的利益，因此，在指导思想上超常、跳跃、急于求成，热衷于铺新摊子、上新项目，追求速度指标和产值翻番，造成多年来的基建规模持续膨胀，超过了国家财力物力的承受能力，特别是没有配套的铺底流动资金，使一批新扩建项目无法形成或难以达到生产能力。当经济紧缩后，这一速度的冲动造成的总需求与总供给的矛盾暴露无遗，企业陷入资金匮乏的困境。

2、国民经济结构不平衡的外在表现。大家知道，经济的增长与主要产品需求量之间有着密切的相关关系，按照八十年代的消耗水平计算，经济增长速度在 10% 的情况下，需要原煤 19.9 亿吨，原油 1.9 亿吨，发电量 13643 亿度，钢 12643 万吨，水泥 6.1 亿吨；我国今年经济增长速度安排 14%，而去年相应产品产量是：原煤 11.1 亿吨，原油 1.42 亿吨，发电量 7470 亿度，钢 8000 万吨，水泥 3.04 亿吨。物资缺口较大。有关资料记载，我国财政、信贷、物资多年来很不平衡，多发了一些没有物资保证的票子，造成物价持续上涨，货币不断贬值，不仅人为地增加了企业资金的需求量，而且刺激了经济生活中的短期行为，引致企业不是在节约能源、降低消耗、减少成本上下功夫，而是一定程度上盲目追求涨价效应，在产品生产中不注重质量，质次价高。当经济紧缩时，形成大量积压、大量拖欠，这正是比例结构失衡的一种外在表现。

3、市场体系不健全，企业经营机制不完备。目前在市场体系发育尚未成熟，企业经营机制还没完全转换的情况下，市场对资源配置的基础作用一时还难以完全奏效。企业还不可避免地依据市场扭曲的信号盲目扩大生产，从"毛纺热""彩电热""冰箱热"等情况看，企业实际上是盲目跟着市场转，什么看涨就生产什么，一遇到经济波动，企业对市场疲软，产品积压就束手无策。

4、企业资产不定，靠输入资金运转。近年来，由于涨价和虚假利润的侵蚀，一些企业的账面资产远远脱离实际资产，面对日益萎缩的实有资产和不断膨胀的资金需求间的不平衡，银行被迫推向超负荷运转的轨道。

5、"补资"规定不切实，流动资金增补缓慢。企业流动资金交银行统管时，国务院有文件规定：银行统管流动资金后，企业维持生产所需的流动资金要企业自己补充。具体办法是：企业税后留利中生产发展基金的5—10%进行补充。按此规定执行自补，其增补的数额根本赶不上生产所需流动资金的增长，其主要原因是，多数企业盈利水平较低，税后留利很少，而用于生产发展的资金已是微乎其微。

二、缓解资金紧缺矛盾的对象

1、要继续端正经济工作的指导思想。

要坚持解放思想和实事求是相统一，做到既加快发展，尽力而为，又从实际出发，量力而行，在发展速度上不搞"一刀切"。从宏观上讲，要下决心收紧拳头，宁断一指不伤十指。根据财力物力情况，调整资金投向和投量，对现有摊子应坚决下一批、缓一批、转一批、并一批、停一批、卖一批。

2、要区别不同资金需求，分三个层次解决问题。

第一层次：生产资金。工业企业特别是国有工业企业的生产资金，政府和银行要千方百计地给予保证。根据国家产业政策和企业经营状况分为三种情况：一是符合国家产业政策、经营状况好的企业所需流动资金，由银行按规定保证解决；二是符合国家产业政策，但经营中存在问题的企业所需流动资金，应当在帮助其改善经营管理的同时由银行积极解决；三是对国家产业政策明文规定其停产、限产和经营混乱、严重亏损的企业所需流动资金，要从严或不予解决。

第二层次：铺底资金对新建项目和大型技改项目建成投产时所需的铺底资金，目前应采取"拼盘"的办法多方共同解决：一是靠大企业挤一点；二是财政拨一点；三是向社会筹一点；四是内部职工集一点；五是银行贷一点。应考虑建立新、扩建项目铺底资金准备金制度，即新、扩建项目铺底资金在投资预概算中列足30%，"拼盘"项目，可由投资者按比例提留，专户储存，作为投产后所需流动资金的准备金。

第三层次：基建投资。基本建设和技改资金，只能根据国家和企业的财力物力及资金来源情况量力而行。切忌过量挤占流动资金。

3、要尽快解决国有资产流失问题。一是国有资产管理部门，应按现值对企业进行一次固定资产重估，今后企业每年按现值重估一次，根据重估价值和使用年限提取折旧，并适当加快折旧速度，以此来补充企业流动资金。用固定资产折旧基金补充企业流动资金，具有双重意义，既可以直接增加企业流动资金，减轻银行的流动资金贷款负担，又通过减少折旧再投资形成的固定资产来减少对流动资金的需求，又一次减轻了对银行贷款的压力。二是对国拨流动资金进行保值，即企业一方面因将库存物资调价增值部分角于补充流动资金，另一方面应从税后利润中按物价上涨指数提取一笔资金，用来充实企业流动资金，以保证企业原有资金的实际购买力。

4、整顿金融秩序。当务之急要解决以下几个问题：一是千方百计地组织存款。在继续大力组织城乡储蓄存款的同时，还要利用资金市场，同业拆借，多渠道扩大信贷资金来源。二是坚持在产业政策指导下调整贷款结构，盘活资金存量，实行"有保有压，区别对待"的信贷紧缩政策，重点支持效益好、贡献大的国有大中型企业，优先保证那些能迅速增加市场有效供给的产品生产的资金需要。三是认真整顿账户，坚持一个企业只在一家银行开立结算户，从一个银行支取现金的规定，并推行使用现金许可证制度，杜绝资金的体外循环。四是强化人民银行的中央银行领导地位，由人民银行统一掌管全国银行的存、放、汇，以便能够更好地配合产业政策发挥贷款导向和宏观调节的作用。五是进一步完善信贷资金管理体制，逐步取消"双线控制"办法，由人民银行既管资金又管规模。

5、企业是微观经济的主体，缓解资金紧缺的关键在于企业必须立足内部挖潜，活化资金。在现有经济工、境下，企业应眼睛向内，立足挖潜，下功夫搞活现有资金存量。一是企业在安排资金使用上，要先保简单再生产，然后再根据可能考虑扩大再生产；二是抓好经营管理，一方面要努力降低产品成本，节能降耗，提高产品质量，防止新的积压；另一方面努力开发新产品，提高企业对市场的应变能力。三是下大力气清理和回收拖欠的贷款，企业在目前资金紧缺的情况下，应搞好资金替代，采取多种方式，加快贷款回收，抓紧债务清理。四是搞好清仓利库，复活沉淀资金。开展"三查三看"，即查材料物资，看是否有超储占用；查产品库存，看是否适销对路，有无积压；查待摊费潜计划，实施挖潜措施。五是出售转让闲置固定资产。目前企业闲置固定资产相当可观，资金潜力很大，为此，企业在固定资产清查的基础上，对本企业不需要，不适用的闲置机器设备，都可以在本系统或通过横向联合等途径转让或变价销售出去，再将这部分资金转作流动资金，经税务部门批准，可以免交能源交通基金和预算调节基金。六是继续推广"厂内银行"经验，把银行的信贷、结算、融通、监督、控制等职能引进企业内部的资金管理中，对内部资金实行集中管理，统一调节，以增强职工的价值和效益观念，避免资金分散浪费。七是树立长远发展观念，自觉补充自有流动资金，政府有关部门应修改完善企业自补流动资金制度，改变目前只从企业留利分配的生产发展基金中补充流动资金的规定，应按税后留利的 30%或更高一些补充流动资金，并且能从减免税款和超缴返还的资金中补充一部分流动资金。企业应把补充流动资金和进行技术改造放到同等重要的位置上，提高企业的应变能力，增强企业的发展后劲。

【此文刊登在《内蒙古财会》1993 第 10 期】

# 36 改革产权制度向现代企业制度迈进

1993 年以来，林西县以党的十四大精神为指导，按照"三个有利于"的标准，加大了对工商企业改革的力度，从理顺企业产权关系入手，以调整企业组织结构为突破口，在建立新的企业产权制度上进行了多种形式的探索。初步明晰了企业产权关系，重构了企业组织结构，加快了企业转换经营机制步伐，迈出了向现代企业过渡的第一步。

## 一、基本思路和做法

承包经营责任制．破"三铁"，关停并转是老概念了，它已经不适应社会主义市场经济的发展，必须进一步更新观念，解放思想，统一认识。因此，林西县提出了：现在企业改革要以产权制度改革为重点，按市场经济的发展规律、基本法则和现代企业制度的要求，从根本上转换经营机制。基于这样的思路，从 1993 年开始，对企业改革采取"分类指导，重点突破，专项推进"的工作方法，加快了企业改革的步伐。到今年 4 月末，全县县以上 76 户工商企业已有 61 户进行了不同形式的产权制度改革，占工商企业总数的 80.3%。其中工业企业 20 户，流通企业 41 户。

第一，股份合作改造一批。按照"资产折股，全员认购，有偿转让，分期偿还"的原则，对现有企业进行股份合作制改造，目前已有 16 户企业完成了改造并按股份合作的机制运行。这 16 户企业总股本金为 1876 万元，其中个人股为 572.9 万元，第一期已认购 379 万元。这些企业的产权关系得到明晰以后，各项内部改革步伐普遍加快，激励机制和自我约束机制初步建立，技术改造筹资能力大大增强，显示出了明显的生机和活力。

第二，产权转让拍卖一批。这是针对国有"小微亏"(小型、微型、亏损) 企业采取的转制形式。目前全县有 5 户国有·企业被拍卖，被拍卖企业的资产总值 833.5 万元，全部被本企业职工集体购买，拍卖后的企业实行了股份合作制改造，企业性质由全民变为集体，企业资产由国家所有变为职工

集体所有。由此，一次明晰了产权关系，防止和制止了国有资产流失；企业依法自主经营，自负盈亏，照章纳税；职工成了真正意义上的主人，生产上积极主动，经营上尽心竭力，管理上认真负责；濒临倒闭的企业出现了明显转机。

第三，优势重配兼并一批。按照"优势互补，合理配置，自由流动"的要求，根据产业关联性、协作依附性和资金等生产要素供应情况，积极促进优势企业对劣势企业的兼并，到今年 4 月末，已有 3 户企业被兼并。长期亏损并处于停产状态的金属制品厂被冶炼厂兼并后，解决了产品销售不畅，技术落后，

资金不足等问题，恢复了正常生产，逐渐摆脱了困境。为了鼓励企业间的兼并，县政府制定了一系列优惠政策：如兼并企业的财政借款可以挂账停息，分期偿还，有的给予减免；被兼并企业依然单独核算的，可将所得税返还企业，用于弥补挂账亏损；被兼并企业所欠银行借款，经批准可以挂账，由以后年度利润归还。

第四，民有民营转让一批。流通企业中的基层供销社和县直零售商店等10户企业，采取了以"租壳卖瓤"为主要形式的民有民营，这种转制方式的主要内容是："一引、二退、三不变"，即引进个体经营机制；退出企业经营的库存商品，退出流动资金，将其作价卖给职工，一次或分期偿还，对固定资产实行租赁经营；企业性质不变，行政隶属关系不变，职工身份不变。实行民有民营以后，职工自筹资金，自主经营，自主分配，自负盈亏。企业收取固定资产占用费和风险抵押金，职工缴足税金，留够租金，剩下都是自己的.由于引进个体经营机制，增强了竞争能力，拓宽了购销渠道，扩大了经营范围，企业经济效益明显提高。

第五，国有民营租赁一批。林西县的商业、粮食、供销、物资系统的批发企业和部分工交企业共24户实行了租赁经营，其中1户企业实行了县外租赁经营，这种转制方式就是将国有(集体)企业的全部或部分资产通过契约方式租赁给社团法人或自然人经营，承租人在经营管理中享有租赁企业的财产使用权，具有法人资格，国家（集体）仍然依法行使财产所有权，承租人要按企业总资产的一定比例上缴租赁费和风险抵押金。林西羊毛衫厂是一家多年处于停产半停产状态国有企业，被河北省清河县羊绒分梳厂租赁经营以后，原有职工全部上岗，实行了满负荷生产，职工月工资由原来的 120 多元提高到 420 多元，扭转了生产难以为继的被动局面。

第六，"母体裂变"重组一批。对长期亏损，资不抵债、负担沉重的企业试行重组，实行"认账不赖账，暂时挂账"的办法，在保留原企业名称、执照并承担过去债务的前提下，进行母体裂变，组建新的实体，分流原企业职工，负担退离休职工，并上缴费用或分利，使原企业逐步偿还债务，让企业摆脱积重难返的处境。林西县有 3 家流通企业采取这种转制方式，目前已收到良好效果。

## 二、几点启示

林西县以调整组织结构为突破口的企业产权制度改革虽然刚刚起步，但从改革的实践中，为其他地区提供了一些有益的启示：

启示之一，企业产权制度改革必须合理兼顾国家、企业、职工三者利益。在这方面，林西县对每一个转制企业都注意了以下三点：一是必须把好资产评估关，确保国家和集体资产保值增值，切实做到资产评估的项目全面，评估的价值合理，评估的方法科学，评估的程序严格，评估债务都——落实；二是合理妥善地处理好债权债务，各项债务都一一落实，能一次清还的一次清还，不能一次清还的分期清还，实在无法清还的就实事求是地做出恰当处理；三是保障职工的合法权益，充分调动他们的积极性。一方面，把在岗职工的责权利统一起来，使他们既能够得到合理合法的收益，又感到从长远看也有奔头；另一方面，离退休人员的生活要有可靠的保障，企业富余人员要妥善安置。

启示之二，企业经营机制的转换不能模式化，不能"一刀切"，关键在于建立起市场对资源配置起基础作用的制度和环境。因此，一定要用市场经济规律和现代企业制度的要求解决改革中的问题，在实践中，企业层次的改革，核心是转换经营机制。事实证明，一个企业，成在机制，衰也在机制，在这方面，林西县始终坚持实事求是的指导思想，在转制的形式上力求更多一些，思路上更宽一些，办法上更灵活一些.可以一企一制.也可以一企多制，什么办法可行，就实行什么办法，真正做到因企制宜，形式多样。

启示之三，相信和依靠群众是改革成败的关键。企业产权制度改革，需要调整和变革生产关系和生产力的诸多要素，需要解决和处理多年来积累下来的许多矛盾和问题，直接关系到每个职工的切身利益，离开了职工群众的理解、支持和积极参与，改革就不可能顺利进行。

启示之四，企业转换经营机制需要筹集资金，而这种筹集同真正有效地运用资金联系在一起，必须以明晰产权关系为基础，以明确的责任为保障。因此，企业筹集资金的过程就是产权多元化和产权明晰化的过程。基于这一点，一定要加快企业产权制度改革步伐，注重产权交易市场的建立和培育，加快资本市场的形成。

三、主要体会改革的实践便林西县真正体会到，产权制度改革突破了国有企业单一全民所有制的旧框框，重塑了国有企业制度，为现代企业制度的建立准备了条件，奠定了基础。

体会之一，产权制度改革，理顺了企业产权关系，增强了职工对企业的关切度。以前国有企业虽然是全民所有，但职工感到人人没有，谁也不认为企业资产与己有关，而现在通过股份合作制改造，职工人人入股，把企业资产量化到人，职工由名义上的主人，变成了真正意义上的主人。使企业的兴衰与个人的切身利益紧紧联系在一起，真正做到联股'、联利、联心，职工深感企业只能办好，别无选择，没有退路。

体会之二，产权制度改革，理顺了分配关系，确定了以按劳分配为主体，效率优先，兼顾公平的收入分配制度。改革前，在"大锅饭"的分配制度下，职工多劳不多得，或不劳、少劳也能得，严重挫伤了职工的生产积极性，导致企业劳动率低下，跑冒滴漏严重，发展缺乏动力。现在多数企业打破了过去分配制度，依据个人的德能勤绩，重新核定工资，形成了生存靠市场，上岗靠竞争，收入靠贡献的新机制。

体会之三，产权制度改革，理顺了政府与企业，企业内部人与人之间的关系。转制后，多数企业实行了股份合作制，企业领导由股东大会选举或董事会聘任，使他们由过去的只对政府负责变成主要对企业和职工负责，弱化了政府对企业的直接干预。企业领导再不能靠政府的一纸任命而定终身，而只能靠业绩来赢得股东的信任，否则将随时可能被解聘、罢免。新机制使企业的劳动者之间形成了一种互相合作、同舟共济的新型关系，完善了企业的激励机制，风险机制和约束机制，为建立真正有效地民主管理和监督机制创造了条件。

体会之四，产权制度改革，理顺了企业内部组织机构，三项制度改革全方位推进。主要体现在三个方面，一是改革后的企业全面实行了全员劳动合同制，管理人员普遍实行'了聘任制，合理组织和配置生产要素，压缩非生产人员，全县61家转制企业共减少行政人员247人，占原有行政人员的35.6%；二是企业内部普遍建章立制，改变了过去无章可循，有章不循的局面，堵塞了各种形式的跑冒滴漏；三是全部打破了原有工资制度，因事设人，竞争上岗，实行岗位工资，一岗一薪，岗变薪变，苦、脏、累、险工种在分配上得到了有效倾斜。逐步形成了"干部能上能下，工人能升能降"的双向选择机制。

体会之五，产权制度改革，理顺了国家与企业的关系，制止了国有资产的流失，确立了国有资产保值增值的新机制。股份合作制的实行，确定了产权所有者的责任，股东为了自己财产的保值和增值，必须切实履行好自己的权力，选举能人来充当董事和经理；如果经营不善，还可以用转让股权的形式对经营者施加影响，或另选能人来替换经营者。国有股权的所有者，已不是政府，而是国有资产管理部门。这样就实现了企业形态公司化，为国有资产实现行政管理、资产管理和经营管理一体化，促进企业国有资产的保值增值提供了可靠的保证。

【此文刊登在《内蒙古财会》1994 第 8 期】

# 37　企业低效运行的成因与出路

　　企业经济效益低下是困扰地方经济发展的一大障碍。为了找出企业低效运行的症结所在，探索提高企业经济效益的根本出路，最近，笔者选择了林西县县属 53 户工商企业对其近三年的经济效益情况进行了专题调查调查情况表明，当前企业经济效益状况确实令人担忧，不仅账面亏损大量增加，而且账外潜亏亦到严重程度。

　　**一、企业效益现状**

　　被调查的 53 户企业 ( 工业企业 12 户，商业企业 9 户，供销企业 16 户，粮食企业 16 户 )，占县属全部工商企业的 70%，这些企业的经济效益现状呈"四多四少，四个并存"的特点。

　　( 一 ) 四多四少

　　1、亏损企业多，盈利企业少。被调查的 53 户企业，1993 年末有明亏、挂账和潜亏的为 46 户，占 86.8%. 盈利的企业为 7 户，占 13.2%。46 户企业明亏、亏损挂账和潜亏金额为 6294 万元。其中 12 户工业企业亏损 1949 万元，亏损面为 83.3%；

商业企业亏损 997 万元，亏损面为 66.7%；供销企业亏损 630 万元，亏损面为 100%；粮食企业亏损 2718 万元 ( 含粮食挂账 )，亏损面为 87.5%。

2、核算虚的企业多，核算实的企业少。通过调查，1993 年末，在 53 户企业账面体现盈利或盈亏平衡的 24 户企业中，只有 7 户企业财务核算真实，占 29.2%。一些企业的财务核算不以财务制度规定的权责发生制为依据，而是以法人代表的意志为转移，搞"厂长成本"，实现"经理利润"，企业账实不符，应摊未摊，应提未提，库存产品、商品损失等潜亏现象较为普遍，财务核算失真，虚盈实亏。

3、微利企业多，盈利大户少。以 1993 年为例，年利润在 50 万元以上的企业仅有 3 户，占 6%，超过百万元的企业只有林西糖厂 1 户；10 万—50 万元的企业有 1 户 , 占 2%;10 万元以下的企业 10 户，占 19%;盈亏平衡和亏损的企业 39 户，占 73%。利税合计超过百万元的企业 1990 年是 4 户，1993 年仍然是 4 户。

4、银行贷款多，自有资金少。在不考虑企业亏损挂账的情况下，53 户企业实收资本中的流动资金占全部流动资产的比重超过 15% 的仅有 4 户，占 7.5%;比重在 15% 以下的企业有 45 户 . 占 85%;4 户企业没有分文自有资金，完全靠银行贷款支撑度日，在 53 户企业中，资产负债率在 100% 以上的有 6 户，占 11%;资产负债率在 75%-100% 的有 29 户。占 55%，企业负债普遍偏大。

（二）四个并存

1、工业企业生产增长与经济效益下降并存。被调查的 12 户工业企业，1993 年实现工业总产值（90 年不变价）9271 万元，比 1990 年增长 69%，年均增长 19.1%。1993 年实现销售收入 11789 万元，比 1990 年增长 74%，年均增长 20.2%，而 1993 年实现利润仅为 316.5 万元，比 1990 年下降 30.4%，年均下降 11.2%。产值、销售与效益呈逆向发展态势。

2、流通企业销售下降与费用增长并存。商业、供销企业 1993 年商品销售分别比 1990 年下降 10% 和 26%，而同期商品流通费却分别增长 58.7% 和 12.4%，商品流通费用率分别比 1990 年提高 7.8 个百分点和 1.1 个百分点，销售与费用也呈逆向增长趋势。

3、资金投入增加与使用效益下降并存。53 户企业三年来共增加长期借款和短期借款 9903 万元，借款规模达到 18913 万元，比 1990 年增长 1.1 倍。而工业企业的产值仅增长 69%，商业、供销、粮食企业的销售反而下降 18.7%。工业企业百元产值占用资金由 1990 年的 133 元上升到 178 元，资金利润率由 1990 年的 6.1% 下降到 1.9%；商业、供销企业百元销售占用资金由 1990 年的 56 元增加到 81 元，资金利润率由 1990 年的 7.5% 下降到 -2.7%。

4、职工工资增长与劳动效率下降并存。53 户企业的 6274

名职工,年人均工资为 2373 元,比 1990 年增长 87.9%,而 1993 年工业企业的年人均产值为 2.85 万元,与 1990 年基本持平。商业供销企业的年人均销售额为 3.45 万元,比 1990 年下降 32.4%;53 户企业的年人均创利为 312 元,比 1990 年下降 69.1%。工资增长明显快于劳效增长和效益增长。

二、企业效益下降的成因

造成企业效益下降的原因是多方面的,既有宏观环境因素,又有企业体制、机制问题,也有企业主观方面的原因,综合起来主要有以下几个方面:

(一) 原辅材料价格上涨过猛,增大了物化成本,企业难以消化。近年来,工业企业所需原材料、燃料、电力、运输等价格上涨 45-60%,个别项目价格上涨 1 倍多,而产品价格上涨增加的收入又远远弥补不了由于原材料涨价增加的成本支出,致使大部分企业自身难以消化。

(二) 企业资金短缺,利息负担加重。企业流动资金拨改贷以后,随着企业生产规模的扩大,新建项目的投产,生产要素价格上涨,企业用以维持正常生产经营的流动资金严重不足,而企业自有资金又是杯水车薪,企业只能靠增加银行贷款来解决,使企业利息负担剧增。

(三) 企业后劲乏力,自我改造能力减弱。长期以来,国家在投资方向上重新建企业而忽视对老企业的改造和发展,国家规定的折旧率严重偏低,允许提取的技术开发费少,留用资金比例低.补充资金明显不足，造成企业设备更新缓慢，工艺、技术落后。特别是实行承包制以来，有些企业为了保证承包基数的完成，连国家规定的基本折旧和大修理基金都没有提足。由于技术改造欠账较多，设备得不到更新，工艺、技术落后，给效益直接带来三点影响：一是材料消耗多，单位产品成本高；二是产品老化，缺乏市场竞争力；三是产品品种少，市场占有率下降。

（四）企业管理不善，损失浪费严重。主要表现在：1、规章制度不健全。一些企业没有严格的原材料、产成品（商品）出入库和保管制度，各种物资、商品在运输、保管、生产过程中，发生人为的短缺或损失，也不追究当事人的责任，无章可循，有章不循，违章不纠的现象较为普遍。2、生产经营计划不周。有些企业没有周密的生产经营计划，采购人员不顾市场行情，不考虑市场需求，在"回扣"或"好处费"的驱使下，大量购进不适销商品，造成严重积压，有些企业的个别库存品种可以销售50年。3、销售责任不强。有些企业没有建立产品销售与货款回收挂钩的责任机制，只要产品能发出去，不管货款能否回笼，结果造成应收账款大量增加，资金被别人长期无偿占用，有的难以回收，甚至成为坏账损失。4、财务管理混乱。少数企业财务管理不实，长期账实不符，账账不符，账表不符，财务核算虚假，资金管理混乱，跑冒滴漏严重。5、企业班子不稳。有些企业领导班子更换频繁，缺乏打持久战和长远规划的意识；

有些企业由于新老班子交替，出现"两不管"，企业管理形成"断层"，企业蒙受损失。

（五）人员数量膨胀，职工素质偏低。从 53 户企业情况看，突出问题有三个方面：一是人员数量膨胀；二是机构臃肿，非生产人员过多；三是职工素质特别是技术素质偏低。

（六）"两则"的实行，改变了原有的核算体系。自 1993 年 7 月 1 日起，在财务核算上推行了会计准则和财务通则．计算口径发生了变化，这是企业效益相对下降的一个重要原因。由于新财务制度改变了固定资产核算管理办法，加快了折旧速度；改完全成本法为制造成本法；设立了坏账准备金制度；奖金进入成本；扩大了职工福利费、教育经费计提基数；长期借款利息和汇兑损益进财务费用等，所有这些约占减利因素的 50%。

上述六个方面只是影响企业效益与发展的直接因素，然而影响企业效益与发展还有更深层的原因，那就是政企不分、产权虚置、权责不清、企业制度落后。长期以来，企业归国家所有，政府直接管理企业．政府是企业的"上级"，企业生产经营由政府决策、决策错了不承担任何责任；职工是企业的"主人"，企业资产人人有份，但人人无责，经营亏损却不会损伤"主人"一根毫毛。企业自主经营、自负盈亏的机制没有形成，这种管理体制和企业制度导致企业处于一种负盈不负亏的软约束状态，企业低效运行和严重亏损是必然的。

### 三、提高企业经济效益的出路

笔者认为：当前企业效益低下问题，是社会经济中诸多矛盾的综合反映，要摆脱困境，至少要从以下几个方面寻求出路。

(一)深化企业改革，转变政府职能，建立现代企业制度，林西县企业转制工作基本结束，53 户企业中有三分之一推行了股份制或股份合作制，实践证明，这种体制，有利于建立产权清晰、权责明确、政企分开、管理科学的现代企业制度，使企业真正成为自主经营、自负盈亏、自我发展、自我约束的独立法人实体。目前这些企业正在进行转制后的完善、规范工作，加快向现代企业制度的过渡。政府要转变职能。推进管理体制改革，在观念上要强化市场经济意识；在作风上要面向企业，提高办事效率；在管理职能上要强化规划、协调、监督、服务；在管理方式上要减少直接管理和行政手段；下决心精简机构，压缩超编人员，减轻财政对企业的压力。

(二)强化企业班子建设，完善约束和监督机制。实践证明，一个企业的兴衰，很大程度上取决于企业的领导班子，而企业班子的关键是法人代表，在外部环境大体相同的情况下，一个好的班子，可以把一个危困企业救活，焕发生机；相反，一个不利的班子，也可以把一个好企业搞糟，甚至破产。因此，企业班子的选拔、培养和使用已成为关系企业兴衰的大事。我们要在努力提高现有企业班子成员政治、业务和技术素质的同时，注意企业后备干部的培养和锻炼，防止企业干部出现"断档"

和青黄不接现象。

要把强化对企业的约束机制和监督机制放到与班子建设同等重要的位置上，一方面要强化企业内部职代会、股东会、工会、监事会的职能，维护《会计法》《公司法》的严肃性，保护会计人员的合法权益；另一方面又要健全和完善社会监督机制，如财政、税务、审计、国资、银行等部门的监督，要变"死后验尸"为"病前防治"，防微杜渐，使企业的生产经营、财务核算、收益分配逐步走上法制轨道。

（三）加大企业内部配套改革力度。目前企业内部改革的重点是劳动人事制度和分配制度改革，劳动人事制度的改革要真正解决企业劳动人事权，由企业自主用工，引入竞争机制，探索适度失业，现阶段至少可以考虑把适度失业作为一种机制鞭策、激励职工。分配制度的改革关键是打破传统工资制度。实行岗位技能工资等多种分配形式．把死工资变成活工资，分配政策要有利于提高效率，向贡献大的科技人员和一线职工倾斜，企业今后不宜再规定统一的调资、增资与升级，工资升降由企业自主决定，要随着企业效益的增长而增长，但要防止超前增长。

（四）强化企业管理，加快技术进步。企业要把强化内部管理，挖掘内部潜力作为提高经济效益的一个重要环节来抓。第一，加强各项基础工作，健全和完善定额管理、成本管理、资金管理、质量管理制度；第二，建立起严格的内部经济责任制，实行分级核算、统一管理，把企业管理、分配和效益捆在一起，彻底解决内部分配不公问题，真正做到有章必依，违章必纠，执章必严；第三，深入开展双增双节活动，在一切环节上精打细算，尽力压缩不必要开支，控制非生产性支出. 杜绝浪费；第四，提高产品质量，减少次品、废品造成的无效消耗，减少生产过程中的损失。

企业要把调整产品和经营结构，加快技改步伐作为提高经济效益的战略重点来抓。根据国家产业政策，围绕市场需求，充分利用地方资源优势和现有技术条件，精选项目，突出重点，在充分论证可行的基础上，编好不同层次的技术改造、新产品开发计划。现有企业要采取"小步快跑滚雪球"的方式，由小到大. 逐步改造，不断进步。同时要继续密切与科研院所的联系，大力推广新材料、新工艺、新技术的应用。

（五）减轻企业负担. 给企业创造一个良好的外部环境。目前企业负担过重，利转税、利转费、利转息等各种因素使得大部分企业留利甚微，无力自我发展，所以必须减轻企业负担；第一，建议对企业各种税费进行一次全面清理，在允许的范围内适当减轻企业负担；第工政府要采取严厉措施清理对企业的"三乱"；第三，对企业的检查评比要严格控制，明文规定必要的检查评比项目，对一些单项检查评比要合并；第四，地方出台的改革措施，不宜再给企业增加过多的负担。要加快健全企业工伤、重病和失业保险等社会保障体系，解决企业自身难以解决的社会问题，为企业职工能进能出，企业能"生"能"死"

机制的形成创造条件。

（六）实行资产重组，让部分企业先活起来。要把大部分企业搞活，必然有一部分企业要"死"，企业有"生"有"死"这是市场经济的运行法则，但由于现行体制改革不配套等原因，少数经营不善、资不抵债、产品不对路、亏损包袱沉重、自身难以消化的企业目前又不能实施破产，对这些活不好、死不了的企业.只能实行资产重组，选择母体裂变的路子。组建新企业，与原企业裂变、让可用的生产要素得到合理流动和配置，重现生机。

（七）强化银行的监督服务意识，促进低效转化。银行作为企业流动资金的管理者，要充分发挥监督服务作用，帮助企业加强财务核算与资金管理，提高资金使用效益：第一，发挥信贷监督作用，防止资金流失。帮助企业强化成本管理，制止企业乱摊、乱挤成本，搞虚盈实亏、防止因企业虚盈，财政虚收造成的资金流失；第二，发挥结算监督功能，制止资金流失。通过银行结算替企业把关、守口，对企业被迫支付的"三乱"费用要坚决止付，对企业正当收益予以保护。第三，发挥信贷服务功能，盘活企业资金。银行要通过联系广、信息灵、手段多的特点，帮助企业收回被拖欠贷款，银行对亏损、低效企业要本着"扶优不忘救劣"的指导思想，根据企业不同情况，有重点、有选择、有范围、有限制地帮助危困企业，使其尽早转化。

【此文刊登在《内蒙古财会》1994 第 10 期】

# 38 来自供销合作社的调查

我们于 1994 年 9—11 月对林西县供销合作社系统的现状、症结与出路进行了专题调查，其情况是：

## 一、现状

(一) 包袱沉重，举步维艰。

目前县联社所属 7 个公司，1 个冷库，8 个基层供销社，共有职工 1311 人，其中：退离休职工有 290 人，占在职职工总数的 28.4%，退离休职工每年需要开支 65.1 万元。全系统计算每 4 个在职职工就要负担 1 名退离休人员。

全系统历史遗留下来的政策性、经营性亏损包袱目前还有 700 万元，人均 6900 元，按前 10 年年均利润 50 万元计算，实现利润全部用于消化历史包袱，仍需要消化 14 年。8 个基层供销社历史包袱社社都有，其中 40 万元以上的社就有 5 个。这些包袱多数都是从 1986 年以后逐渐增大的。

全系统到 1993 年末，共背农行短期借款包袱 1039 万元，是自有流动资金的 9.3 倍，每年需要支付银行贷款利息 131.1 万元。

全系统 1993 年仅利息、工资、运杂费、粮价补贴提高等因素 ( 按可比口径计算 ) 就比 1992 年增加费用支出 58.1 万元，这还不包括有些社无力支付的退离休人员的工资、药费等等欠账。

( 二 ) 资不抵债，惨淡经营。

1993 年与承包前的 1988 年相比，全系统呈现出"三降一亏"的严重局面。即农副产品收购额下降 38.5%；商品纯销售额下降 28.1%；上缴国家税金下降 46.8%；企业利润由盈利 65.9 万元变为亏损 65.8 万元。

1993 年底，全系统 16 户独立核算企业，？户亏损，亏损面为 43.7%，其余 9 户不盈不亏 .8 个基层社，账面严重资不抵债的就有 5 个，占基层社总数的 62.5%。

( 三 ) 严重"贫血"，经营滑坡。

过去供销社作为"连接城乡经济的桥梁"，农村经济主渠道。得到各行各业的大力支持，现在是自有资金越来越少，贷款不仅越来越少，而且利率越来越高，有买卖时没钱，有了钱又没买卖。经营上真可谓雪上加霜。

银行贷款利率提高，加罚息严重。1990 年到 1993 年国家 3 次提高利率，流动资金贷款年利率从 6.5% 提高到 10.98%，规定加罚等级，最高的竟达 50%。有时供销社被迫拆借高息贷款，大大超过了承受能力，仅 1993 年就比 1992 年多支付银行利息 30.1 万元，增长 30.4%。陷入"不经营等死，举债经营找死”的境地。

税赋加重，零售税由 3% 提高到 5%。

经营范围缩小，过去供销社对群众需要的生产、生活资料以及加工、运输、服务等行业都经营，近几年“专营的”放开了，“条条的”划走了，“赚钱的”抢光了.使供销社的经营范围越来越小，1993 年供销社商品销售额比 1990 年仅增长 0.51%。如果剔除物价因素实际上是下调查报告降。

(四) 每况愈下，职工思奔。

企业处境困难、工资难兑现；生活无保障，职工情绪低落，人心思动。以全县 8 个基层社为例，现有在册职工 575 人，在岗的仅有 379 人，占在册职工的 65%，其余 35% 的职工或二次待业，或弃商务农，或提前退休，或自谋职业，或调往其他单位、其势头还在发展。这部分人员中，有基层社主任，有专业管理人才，有专业技术人员，多数是业务技术骨干。从 1993 年到现在，就有 20 多名业务骨干，自寻出路，调离供销社。

(五) 网点瘫痪，功能削弱。

目前 8 个基层社的 134 个门店，其中 114 个实行了以“租壳卖瓢”为主要形式的承租经营，11 个实行了拍卖，8 个待倒闭。由于这些网点多是计划经济时期设置的，或深宅大院，或地处僻静，有的已破落不堪。新的无力增建。营业额锐减。已实行租赁经营的网点中，有 2/3 勉强维持，有 1/3 处于瘫痪状态，承租人有的因完不成租金而关门歇业；有的摆下一堆有问题商品等候发落；有的携款弃店而去。

二、症结

供销社陷入目前困境其原因是多方面的，既有外部条件的制约，更有自身的经营机制和经营管理问题，计划经济时期经营规模、经营方式所造成的政策性、经营性的亏损包袱，得不到处理，使供销社负债经营。贷款的减少，利率的提高，罚息的加重，使供销社负重竞争。摊派、罚款、收费、集资、赞助，使供销社难以负担，供销社已承担过而支出的项目有：修理费、治安费、体检费、卫生费、计量容器检验费、防疫费.绿化费、办学费、电视插转费、物价罚款及各种赞助费等多达四十余种。由于基层社地处农村，一些收费项目的背后还要支付大量的客餐费。有些收费离奇古怪，令人难以置信。例如：除了经营食品的营业员必须有健康证外，其他人员包括司机也必须有健康证，每年至少要接受一次体检；农村供销社的营业室也必须测试室内干湿度，而且还按每个柜组进行测试；技术监督部门条形码收费不以基层社为单位，而是以店组为单位收费；营业商店必须购买和张贴"禁止赌博"、"禁止嫖娼"之类的标语牌，否则就罚款。这一切都是为了多收取费用。使人哭笑不得。

供销社内部也存在一些难治之症，起码在近期是难以混治的。干部队伍政治素质和业务素质水平偏低，改革意识较差，缺乏开拓、进取精神，在市场经济竞争中显得一筹莫展；在条件不成熟时，超前实行抵押承包，造成"以包代管"、"短期行为",伤了供销社"元气":一度削弱了党的领导,放松了思想教育工作,加之社会上不正之风的影响,收红包、吃回扣,账外经营,尤其是短款差货几乎成了"不治之症",资产,流失很难遏制,真可谓"富了和尚穷了寺"。

除了以上内外部因素制约着供销社健康发展外,还有三条重要的原因:

(一)林西县供销社是从四十年代开始,按照当时广大农民和发展生产的需要,逐步发展起来的,一直到五十年代末,这期间发展得比较正常,为当时城乡经济的发展做出了卓越的贡献。到 1958 年国营、合作企业合并,成为国营企业,进入纯计划经济的轨道,从此走上了曲曲折折的道路,合了分,分了合,几经折腾,形成了官不官、民不民的名不符实的官办商业,民办性质减弱了,服务宗旨模糊了,经营方向偏离了。职工是国家分配的端起了"铁饭碗",干部是政府任命的坐上了"铁交椅",待遇按国营套改的挣上了"铁工资"。资金靠贷款,买卖靠政策,成了农村经济的"主渠道",在农村是独家经营,一统天下,而供销合作社的组织上的群众性——民办因素减弱,管理上的民主性——法人代表取而代之,经营上的灵活性——被条条框框限制.监督机制等于虚设,民主管理软弱无力,很难办成"农民自己的商业组织",很难和农民形成利益共同体。

(二)县以上的各级供销社是各级供销社的联合社,它不仅在业务上有着联购分销,分购联销的直接利益的联系,而且在办社方向上，服务宗旨上，开拓项目上以及信息传递方面负有指导责任，因此层层都有下级社参加的代表大会来决定供销社重大决策，这一联合体充分体现出"上级社为下级社服务"的职能，也能充分发挥集团优势。1982年中央曾连续发出几个文件，指导供销社以恢复"三性"即组织上的群众性，管理上的民主性、经营上的灵活性为主要内容，以把农民群众自己的商业组织，办成"购销、生产、加工、储藏、运输综合服务"中心为主要方向的改革意见，各级社以此开始了供销社的改革，使供销社有了生机，大有蓬勃发展之势。到1987年城市经济改革开始以后，供销社相继执行了"承包责任制"、"租赁承包"为内容的改革，.从此各级社的社员代表大会自动停止了，联合体消失了，集体优势不见了，各级社都忙着建立自己的实体，搞自己的买卖。联合社的指导行不通啦，从此每况愈下，职工们说："上面无爹无娘，下面子孙满堂"。

（三）党中央对供销社的体制改革也曾有过多次指示：中共中央发(1993)11号文件；1993年国家经济体制改革要点；中共中央国务院关于1994年农业和农村工作意见；中发(1994)4号文件以及党的十四届三中全会《决定》中都谈到各级供销合作社的改革，都要求"各级供销社要继续深化改革，真正办成农民的合作经济组织，积极探索向综合性服务组织发展的新路子".对这些指示从中央到地方并没能认真研究落实，更没有具体实施方案，从中华全国供销合作总社至区、市各级供销社也没有积极主动地争取各级党委、政府的支持，因此供销社的改革，一误再误，失去了十多年的大好机会。

### 三、出路

供销社的出路只有一条，那就是坚持集体所有．坚持为"农"服务，实行民主管理，集团联合经营，把供销社真正办成农民群众自己的合作经济组织。这是供销社职工和广大农民都有的共同呼声。农业需要供销社，农村不能没有供销社，农民离不开供销社；保持供销社的办社宗旨，疏通农村供销主渠道，搞好农村大市场是千千万万农民的意愿，供销社的出路在于，外扶内联，深化改革。

对策之一：转变观念，重新认识。

供销社几十年的风风雨雨，始终保持了它"既是连接城乡、工农、产销的桥梁和中介，又是广大农民自己的经济组织"的显著特点，与农村、农业、农民唇齿相依，息息相关，特别在目前农村市场尚未发育成熟，市场体系还不健全完善．农民买难卖难依然存在的情况下，农村还仍然需要供销社组织好工业品下乡，农副产品进城，做好各项综合服务，保护广大农民，尤其是贫困、偏远山区农民的利益，供销社有着其他任何经济组织都无法取代的历史使命。从农村经济的发展看，供销社更是城乡经济交流的主渠道，促进农村经济发展的纽带，担负着生产"大动脉"，生活"供应线"，观念更新"催化剂"的重大使命。历史曾多次告诉人们：支持供销社就是支持农业，保护供销社就是保护农民，稳定供销社就是稳定农村市场。因此，从理论上、法律上、政策上以及国际贸易的交往上，重新认识和确立供销社的地位和作用，不仅是帮助供销社摆脱困境的需要，更是落实党的十四届三中全会《决定》精神的客观需要。

对策之二：明确方向，深化改革。

其一，明确供销社的所有权和经营权；供销社是由农民集资入股，多年经营积累，形成现有的规模，因此所有权是社员集体所有。其经营管理人员是由社员代表大会选举出来的主任负责经营，因此其所有权和经营权是明晰的．其二，明确办社方向，供锛社是农村百分之八十以上农民入股办起的自己的商业组织，其服务对象自然是农村、农业、农民。因此在农村建设综合服务体系中，自然是义不容辞，为发展商品经济、为引导农民及其产品进入大市场，供销社应积极地因地制宜地组织和扶持各种专业生产合作社，实行产前、产中、产后的资金、科技、加工、推销等方面的服务，在贸工农一体化、产加销一条龙中起龙头作用，变经营利益为综合服务型。其三，明确按供销社章程办事，其核心是加强民主管理和民主监督，供销社的主人是入股的农民，供销社的办社宗旨、服务方向、经营方式、经营成果都要按入股农民意愿办事，供销社要接受群众监督．因此，必须恢复社员代表大会、理事会、监事会制度。正确实施民主管理和社员的权利、义务。其四，明确供销社职工队伍的建设方向，其改革重点应该是优化组合，今后应坚持千部能上能下，职工能进能出，彻底搬掉"铁交椅".打破"铁仮碗"，实行"合同制"。

对策之三：政策扶持，卸掉包袱，

根据林西县的实际，供销社要重振雄风，必须卸掉或减轻贷款、亏损挂账和离退休人员支出三大包袱，轻装上阵，经过一段时间，一定会好转，对这一至关重要的问题，中共中央国务院以及国内贸易部，国家体改委都有过指示，中共中央、国务院 (1986)1 号文件规定：在财政、税收、信贷等政策上要给供销社以优惠，财政、税务、农行、工商、物价乃至公、检、法、司等部门应结合自身工作的特点，像支持农业一样，帮助供销社渡过难关。国内贸易部、国家体改委联发的 (1993)124 号文件要求：对于历史长期积累的政策性亏损，属于国家决策造成的，按国务院有关规定处理，属地方决策造成的，由地方政府解决。按上述要求，根据林西财政现状，在目前或近期一下子拿出大量资金来支持供销事业，是很难办到的，但有些事情、还是可以办到的，如恢复信贷政策，在贷款的额度、期限、时间、利率上恢复民贸企业待遇，到位已有的信贷优惠政策，完善专营政策。中央及自治区要在完善化肥政策的同时，恢复供销社对农药、农膜、鲅毛、鞭炮、废旧有色金属等专营政策。健全保障体系，加快建立起集体企业的养老、失业、医疗、工伤等保障制度，制止各行业管理部门在供销系统的乱收费乱罚款等作法，在支农的投入上砍出一块交由供销社作为周转资金，以更好地为农业服务。

对策之四：转换机制，增加投入。

基层供销社仍以经济区建社，人口、村落较集中的地区仍然设分销店，至于偏远贫困山区．按说越是偏远贫困落后的地区越需要供销社的扶持，但由于经济效益问题，可设代销点或委托农户代为经营。以基层社为核算单位，内部店组可因地制宜，分别采取承包、租赁等方式。

目前，基层社的可用资金严重不足，有些社由于亏损已成"空壳"社，已无力经营．为扭转这种局面，逐渐走出困境，就需多方筹措资金，其来源除力争一部分银行贷款、国家支农资金、清理债权外，还应该广泛发动农民入股，供销社内部职工应首先集资入股。

县供销社要组织包括县社直属公司和基层供销社在内的县供销社联合社，形成集团实体，开展多层次、多方位的联合，上和市区联社挂钩，下与基层社联合，内和区内外供销社联合，外和全国各地、各行业联营，逐步发展成为跨行业、跨地区、跨所有制包括个体商户、乡镇企业的联营，内引外联，坚持"对内合作，对外竞争"的原则。

县联社要组织好农副土特产品的"分购联销"、工业品、生产资料的"联购分销"，并不断的扩大经营范围，增加经营品种和服务项目，除积极协助基层搞好引进商品、资金、经济信息、扶农科技、生产项目外，要在国内外商业部门、生产厂家、各行各业搞一些商品生产、销售代理业务，对国家统筹物资，凡国营、专营部门力量达不到的地方，如石油、粮食、食盐、医药等均可搞代购代销业务，搞活流通辅助国营。这是供销社在组织上、经营上联合起来，参与大市场、组织大流通，发展大合作，摆脱困境，走上振兴之路的必然选择。

对策之五：强化管理，深挖内潜。

供销社形成困难中的诸多因素中也有一条重要教训，就是强调放权搞活，放松了管理，核算虚假，账目混乱，盖货短款，跑冒清漏等现象比较突出。因此，供销社要重在深挖内潜，强化管理，建立健全并严格执行各项规章制度，真正做到有章可循，执章必严，违章必究。要特别强调管理的重要性、紧迫性和必要性，坚决克服"以包代管"、"以租代管"现象。在恢复社员代表大会制度后，更应该虚心听取社员群众的意见，认真接受社员的监督。通过严格制度，加强监督，调动各方面积极性，开源节流，深挖内潜，以求得最大经济效益。

对策之六：加强领导，列入日程。

供销社作为一个农民自己的商业组织，在今后农村经济建设中的地位、作用将得到确认，过去供销社每前进一步都是在各级党委领导，各级政府的大力支持下取得的，现在供销社的体制改革已经进入关键时刻.有些矛盾比较集中、突出、复杂，涉及方方面面，绝非供销社自身力量所能完成的，所以其改革更需列入各级党委和政府的议事日程，只有加强领导，统一布置，组织力量，稳步进行，方能避免弯路，取得供销合作社改革的成功。

【此文与刘福先生合作刊登在《内蒙古财会》1995 第 5 期】

# 39 在实践中完善和发展股份合作制

1993 年末，林西县在试点的基础上，在赤峰市率先进行了以股份合作制为主要形式的企业产权制度改革，通过"资产折股，全员认购，分散偿还"的方式，先后对 20 户县属工业企业进行了股份合作制改造，曾得到自治区和赤峰市政府有关领导的首肯，引起了兄弟旗县的热切关注，那么，如今这些改革后的企业运行情况如何？还存在哪些问题？还需怎样完善？对此，笔者进行了全面调查。

## 一、基本情况

林西县县属工业企业实行股份合作制改造的共 20 户，占县属工业企业总数的 67%，按性质分国有企业 12 户．集体企业 8 户；按规模分骨干企业 8 户，小微亏企业 12 户：按隶属关系分计经局系统 5 户，城建局系统 7 户、二轻局系统 5 户，商业局系统 1 户，粮食局系统 2 户，调查结果表明．这些改造后的企业通过一年来的运行，大部分已经或逐步建立起股份合作的新机制，并且运行正常，成效明显。但这种新机制中蕴藏的"能量"还没有得到完全发挥、机制运行中存在的矛盾和问题还亟待解决和处理。

（一）成功率高，股金到位及时，一年多来，实行股份合作制改造的 20 户企业，有 17 户能够按照股份合作制的要求正常运行，占改造总数的 85%；有 3 户企业因准备不足、股金未缴、生产困难、亏损严重等因素而自行终止，占改造总数的 15%，17 户股改企业，在职职工 3113 人，其中认购股份的股东 2392 人，占在职职工的 92.9%，企业总股本为 2371.3 万元，其中国家股 573.6 万元，配售股 910.4 万元、集体企业集体股 112.8 万元，企业股 137 万元.职工个人股 636.9 万元，到今年六月末。职工1、人股已如期认购 418.3 万元，股金到位率为 65.7%。

（二）企业效益提高、职工收入有所增加，17 户股改企业.1994 年共元 2 规利税 1317 万元，比上年增长 41.2%，其中实现利润 254.5 万元，比上年增长 35.7%。企业提取公积金 26 万元，提取公益金 23.4 万元，职工个人股分配股息 41.3 万元、分配红利 22.5 万元。股息、股利合计为 63.8 万元。今年上半年，17 户企业实现利税 725.3 万元，其中实现利润 37.5 万元，分别比上年同期增长 5.1 倍和 3.4 倍。企业盈利水平的提高带来了职工收入的增加，1994 年 17 户股改企业职工人均工资收入总额为 3517 元，比上年增长 27.4%,比全县平均水平高 17.8%。

（三）股东权益得到保障，"新老三会"关系协调，改造后的企业基本上健全了股东（代表）大会制度，能按期召开会议.企业班子的产生、变更、重大生产经营事项都能交由股东

唐人随笔

(代表) 大会讨论决定, 股东民主意识明显增强, 股东的权力、义务基本得到落实。董事会、监事会能够按照企业《章程》规定的职权和议事规则履行义务、行使权力。林西县股份合作制企业董事、监事会成员与厂长 (经理)、支部书记,工会主席基本是一套人马, 交叉任职。因而, 董事会议、监事会议与支部会议、工会会议能够协调一致, 密切配合, 避免了工作上的推诿、扯皮等无为的 "内耗"。而企业职工 90% 以上是股东. 具有双重身份, 股东 (代表) 大会常常与职工<代表;大会 "两会"合一, 能较好地履行各自的职责。

(四) 责任感、危机感明显增强。企业改造后, 职工既是企业的出资人, 又是企业的劳动者, 直接感受到企业的兴衰与自身利益的利害关系, 他们把企业看作 "自己的", 自己为自己工作, 真正地当家做主人。最明显的变化是, 过去的职工只关心工资、奖金和福利的增长, 而对企业的盈亏则置之度外, 现在既关心工资、奖金和福利, 更关心企业的经济效益。

(五) 企业管理得到加强, 企业改造后, 普遍强化了内部管理, 建立了自我约束机制, 增强了企业向管理要效益的意识, 一是有效地发挥监事会、工会、职代会的作用, 多渠道、多形式、深入持久地开展民主管理活动, 较充分地保障了职工民主权力, 发挥了工会的作用;二是建立健全各项规章制度, 并做到有章必循. 违章必究;三是厂部对车间, 车间对班组层层实行承包, 责任到人, 产品各要素实行定额管理, 人耗、物耗、能耗等超支自理，节约分成，在保证产品质量的前提下，有效地降低了产品成本。

（六）"三项制度"改革落到实处。产权制度改革为"三项制度"改革带来了契机，人事、工资和用工制度改革得以顺利进行。企业改造后，普遍引入竞争机制，优化组合。聘用上岗。副厂级及以下环节干部一律实行聘用制，按照"高效、多能、精干"的原则，以责定岗，以岗定人，17户企业行管人员比改造前减少了87人。工人实行岗位技能效益工资制，一岗一薪，岗变薪变，脏险累差工种的工资待遇得到较大的倾斜，企业内部分配基本合理，多数企业实行合同制，优化组合后推行上岗、待岗制度，职工的危机感责任感大大增强。

二、存在问题

（一）企业间盈利水平差距较大、股本回报率低、从盈利的总体水平上看，国有企业好于集体企业，骨干企业好于小型企业、17股份合作制企业、1994年有9户盈利、4户盈亏平衡、4户亏损、分别占53%,23.5%和23.5%。按1994年实现利润分配，国家股、集体企业集体股、企业股分得的红利分别为79.4万元，9.5万元和10、1万元，股本红利率分别为13、8%、3.9%5和7.4%。由于职工个人股实行了保息分红，加之有不同比例的配售股、分配股息、红利为63.8万元，股本红息率为15.6%,稍高于其他股份。

（二）"两金"提取不足、个人股保息率不一。1994年，

17 户企业共提取公积金 23.4 万元，公益金 26.1 万元、分别占实现利润的 9.2% 和 10.3%，还未达到企业章程中规定的比例。

（三）股东对红息征收个人收入所得税反映强烈。股份合作制企业股东所取得的红利、股息，按税法规定要征收 20% 的个人收入所得税，职工对此反映强烈、积极性受到挫伤，已直接影响第二、三期股金的认购、包括厂长经理在内已对股份合作制企业的发展前景担忧、甚至出现动摇。

（四）贷款包袱难以减轻，企业股改以后，净资产全部分解为股本。这样税后利润提取"两金"后便按股分红，占较大比重的国家股红利又要拿走，企业偿还固定资产贷款便没有资金来源、所提取公积金不足，多数企业没有实行加速折旧，其折旧费偏低。企业无法偿还到期长期借款，更无资金来源进行技术改造和新产品开发。如此下去股改企业就与非股改企业在利润分配上形成明显不平等，直接影响股份合制企业的生存和发展。

（五）部分企业核算失真现象依然存在。股份合作制企业的核算失真现象表现为二种情况：或隐瞒利润，或虚盈实亏。前者怕国家拿走更多的利润和红利，更怕对个人股红利征收个人收入所得税，有意少报盈利，分流利润，变通分红，人为降低盈利水平，后者怕企业亏损后失信于民，被股东免去职务，更怕完了；成与主管部门签订的责任状，影响"政绩"，而虚增产量、高估产值，实现虚假利润。

（六）人才问题十分突出：人才，特别是企业的领导人才，在企业中显得至关重要，一定意义上讲，企业的兴衰关键在领导者，尤其是法人代表。股份合作机制就决定了它对人才需要的特殊性。班子必须从企业内部产生，董事必须首先是股东。当企业人才缺乏、内部难以产生班子成员乃至法人代表时，企业和主管部门就束手无策，派不进，调不出，选不成。同时，多数企业规模小，人员少，素质差、往往在选人问题上出现偏差，而使企业步入困境．造成亏损，不能自拔。这种情况在小型集体企业中尤为突出。

三、几点建议

林西县股份合作制企业虽然从数量上仅占县属工业企业的67名，但产值、利税却分别87%和90℃，包括冷山集团、电线厂、制酒厂、啤酒厂、面粉厂等利税大户在内的17户股份台作制企业．在县域经济中举足轻重，因此，认真研究和解决好这些企业运行中存在的矛盾和问题、使之健康、快速地走上"四有"轨道，事关大局，不能等闲视之。

（一）完善机制运作中的几个问题

1、重新定义"保息分红"。企业股改开始，为了吸引职工人股，减轻职工的心理压力，林西县对职工个人股采取了"保息分红"的办法，即按一年期银行存款利率保息，再视企业盈利状况分红。通过一年多的实践，发现一些问题。既保息又分红、再加之配售股红利，职工个人股红、息偏高、而国家股、集体企业集体股红利偏低。甚至没有红利。笔者认为："保息分红"应定义为，当红利大于股息时，只分红不保息；当红利小于股息时，保息不分红，具体办法是：( 职工个人股股息 + 可分红利润，/ 总股本，其结果大于或等于银行存款利率，就按股分红：小于银行存款利率，就给予保息。

2、关于减轻贷款包袱和扩大再生产问题。林西县多数工业企业是在"拨贷款"以后建成的，资产负债率较高，贷款包袱普遍沉重，同时盈利水平偏低为此：（1）建议股份合作制企业在统一执行 33% 所得税率的前提下，对贷款包袱较重的企业给予适当减免( 即先征后退八减免部分用干归还贷款、所形成固定资产为国家股；（2）数益较好的企业，在提取法定公利金 . 公益金后，经股东大会讨论同意，可提取任意盈余公积金，用于归还贷款或扩大再生产、所形成固定资产按股权比例扩股；（3）国家股红利可留给企业，用于归还贷款或扩大再生产，形成固定资产为国家股；（4）今后企业进行技术改造，新增效益即利税 . 应实行乡镇企业 . 优惠政策，减免利税、用于归还找改贷款。

3、关于职工个人股红息征收个人收入所得税问题，鉴于目前林西县 17 户股份合作制企业刚刚起步，企业困难大，效益偏低，职工个人股红、息水平不高，为了不至于使这部分企业的产权制度改革失败、建议区别不同情况至少在一定时间内、对职工个人股红、息色征个人收入所得税。

4、关于企业固定资产重估损益问题。林西县企业实行股改时、固定资产价值按账面净值计价界定的，现在国资部门按国家有关规定对固定资产进行了实事求是的重估、企业原净资产发生了变化。笔者认为，固定资产重估后，其价值大于或小于原界定价值的、应相应调整企业股权结构，增减国家股本。

5、关于配售股问题。配售股是为调动职工认股积极性，企业将国有或集体资产按工龄、职务、工资、认股额度等因素、配售给职工的股份、其所有权归国家或集体、收益权归职工个人、职工待购。建议到今年末，职工个人股已基本认购完毕，应从1996年开始制定可行方案，分期限、按比例认购配售股。

6.关于企业班子问题。国家控股，参股的企业、应当使职工明确、目前职工行使的表决权，只代表个人股，而不是全部股权、更不是无限大。只是国家股还没有股权代表，没有行使表决权。因此，企业在调整领导班子时，除按法律程序办理外，政府，企业主管部门有权也应该在考核、推荐、选举等环节上积极参与，帮助企业选好人、用好人。

7、强化企业《章程》的严肃性。股份合作制企业、对外依法经营。照章纳税，对内则按企业《章程》办事，章程是企业的"内部大法"，它规定了股东会、董事会、监事会等组织的权力，义务和议事规则、股东要认真学习、正确掌握，严格遵守章程中的有关条款、不能拿企业《章程》当儿戏，更要避免违法行为的发生。

（二）进一步优化企业外部环境

股份台用制只解决了企业产权乃至运行机制问题，它只是正业正常运行中的一个组成部分，企业能否真正搞好搞活，在很大程度上还取决于外部环境的优劣。目前、股份合作制企业在外部环境上应进一步优化。

1、落实企业自主权。按《企业法》规定，将赋予企业的权力，不折不扣地还于企业。尤其是劳动用工权、人事管理权，使企业真正建立起职工能进能出的机制。

2、坚决制止各种形式的"三乱"，特别要制止党政机关、企业主管部门以会议、考察、庆典等名义向企业乱摊派，行业管理或职能部门借服务之名向企业乱收费、滥罚款。企业对此十分反感，且苦不堪言。此类事情，要从保护股东利益，保护国家和地方财政利益出发，严肃查处。

3、解决企业间竞争不平等问题。目前国有企业、集体企业、个体私营企业之间、县属企业、乡镇企业、村办企业之间，以及同类企业之间竞争条件明显不公，严重制约了企业发展。例如：同是砖厂，国有砖厂为国家贡献大，有包袱；即养老，又养小；生产淡季也要发工资；土资源有偿征用，有计划使用；产供销必须账目清楚，实事求是；税收优惠基本没有。而乡企砖厂包袱较轻，甚至没有：至少目前不存在养老问题；职工亦农亦工，停产可不发工资；土货源自有自用；承包经营特别是承包给个人经营的账目无须清楚：优惠政策多。税赋较轻，因此，应在竞争环境上要为企业创造同等条件，不能顾此失彼。

4、强化调控指导。企业转制后，政府职能已逐步转移到指导、协调、监督、服务上来，要强化特别是对股份合作制企业的指导上，减少行业间以及企业间无为的竞争，减少"内耗"、避免浪费，使县内各生产要素得到合理流动，达到最佳配置、实现最佳效益、促进县域经济的有序发展。

5、强化监督职能，目前股份合作制企业中的一个突出问题就是内部监督软弱无力，社会监督力所不及。目前的监督，往往是问题或亏损已经形成之后的"鉴定"，而不是之前的"预防"，建议强化企业主管部门和社会监督力度，适时监督企业的生产经营情况，发现问题，及时解决和纠正，避免或减少损失，企业主管部门与争每季或至少每半年对所属企业审计一次、社会审计和国资管理部门要争取每年审计、检查一次。

(三)关于强化企业自身功能问题

在目前情况下，股份合作制企业的发展受到宏观体制的种种制约，如不改善企业发展的外部诸因素，企业增强活力的目的就难以达到、股份合作机制的优势也难以发挥。如果忽视企业自身功能的强化，放松企业的内部管理，"以股代管"、"以包代管"、那么不管外部条件如何优越，增强活力也无从谈起。因此，要保证股份合作制应有作用的发挥，企业还必须认真处理好强化自身功能的问题。要强化自身功能，企业必河提高"三个素质"，健全"四种机制"培植"六大能力"。

首先，企业要加强职工队伍、科技队伍、经营队伍的建设、提高"三个素质"。一是经营者和职工队伍素质、包括思想道德、文化知识和业务技能等，这是搞好企业的主导力量；二是技术装备素质，包括工艺设备的先进性和开发改造的基本实力等，这是搞好企业的技术基础；三是科学经营管理素质，包括领导指挥系统的有效性、现代化管理方法运用的普及性和企业运行系统良性循环的保证程度等。这是搞好企业的重要手段。

其次，要建立健全"四种机制"。一种是营销机制、通过营销组织、力量的建设和配备，经过几年的努力，进一步开拓县外水泥、啤酒.白酒、绵白糖、颗粒粕、漆包线等骨干产品市场、形成专业化营销优势；一种是约束机制。通过健全企业内部和强化主管部门对企业的财务管理、资产管理、行政管理等方面的规章制度，形成一定的自我约束功能：另一种是竞争机制，就是在企业生产经营全过程的各方面都要采用竞争手段、达到开发技术、开发产品、开发人才的目的，形成整体性的竞争局面；再一种就是激励机制，从改革分配和用工制度入手，强化激励手段、完善企业内部承包指标体系、科学合理地制定车间班组的消耗定额，充分调动职工群众的积极性和创造性。从企业实际出发，进一步完善和推广岗位技能效益工资制和成本含量工资制。

再次，要千方百计提高"六大能力"。即技术开发能力、产品竞争能力、市场应变能力、资产增值能力、领导班子团结进取能力和职工群众的凝聚力。这"六大能力"是企业自身功能强弱与否的综合体现。总而言之，提高"六大能力"是股改企业增强活力的当务之急，企业必须根据具体情况，采取切实有效措施、在提高"六大能力"上抓出成效、使股份合作机制的潜能得到最大发挥。

【此文刊登在《内蒙古财会》1995 第 9 期】

# 40　组建企业集团的心理阻力和对策

组建企业集团是今年经济体制改革的重要内容；也是改组现有企业，向现代企业制度过渡的具体步骤，组建企业集团，从形式上看，只是对原有企业资产、劳力等生产要素进行重组和变革，通过资产合理流动，实现优化配置，达到有效利用。实际上，它还包括干部职工思想上和心理上的重组和变革，从某种意义上说，后者更加重要，因为观念的调整和变革是行为调整变革的前提和基础。

*形成阻力的原因。*

组建企业集团心理阻力的形成是多方面的，主要包括心理的、经济的和社会的因素，其表现是：

1、改组后的担心。每一项改革都带有一定程度的不确定性，组建企业集团也是如此，这将导致人们对这项改革的成败概率缺少把握。这种不确定性会使多数人焦虑不安，影响人们对这项改革措施的接受。例如，企业通过集团形式改组时，上层和中层管理人员不能不考虑：企业改组带来的机构调整，那会出现什么结果？我能保住现在的职位吗？我的权力会减少或削弱吗？我的待遇会受到影响吗？等等，这些问题如果找不到明确的答案，会使人感到忐忑不安。

2、经济上的忧虑。心理阻力还来自经济上的原因，许多企业特别是相对优势企业的职工不喜欢改组，主要是担心改组后会直接或间接地减少自己的收入。目前，经济报酬是激发人们工作动机的重要因素，如果由于企业改组失去工作或因职务改变而降薪，就会对这项改革产生强烈的抵制情绪。

3、地位上的顾虑。企业集团的建立，也是对原有企业的权力和利益的一次再调整，这无疑会使人们感到自己在行业管理中或企业中的地位受到影响。例如，隶属于这个部门的企业并入其他行业集团，主管部门的权力还有没有；原来完全独立的企业又增加了一个管理层次，会不会受制于人；科室变成事业部制，会使原来的某些管理人员失去权力，因此会产生种种心理上的抵触。

4、公关上的威胁。无论是企业组织结构调整还是技术改革、往往都会造成人事上的某些变动，人与人之间、人与企业之间、企业与企业之间形成新的工作关系和经济关系。有时人们反对某项改革，并不是针对改革本身，而是反对随着改革带来的人际关系的变化，从而产生心理上的障碍。

5、群体上的失衡。一个企业总是由这样或那样的群体组成，群体并不是若干个体的简单集合，它有共同的标准、态度、目标、规范等等，使群体处于一种平衡状态。改组调整企业结构，往往要打破原有群体关系，旧的平衡会因此而破坏。为了抵制这种破坏、群体就会采取行动，反对它，使之达到通常的平衡。

6、认识上的偏差。组建企业集团，旨在通过资产流动、优势互补，使价值可观的闲置和低效运转的资产得到有效利用．但由于人们看问题的角度、出发点不同，就会产生不同的认识，甚至出现偏差，作为集团的核心层企业，对自身的优势和紧密层企业劣势看得比较清楚，而对自身的劣势和紧密层企业的优势则相对模糊，总怕自己"吃亏"；作为集团的紧密层企业则认为加入集团，有失企业"尊严"和"形象"、怕集团"给亏吃"。因此、互补性很强的企业也一时难以形成集团。

克服阻力的对策。

无论何种原因引起的阻力，对工作的顺利实施都是有害的，我们分析产生阻力的原因，目的在于有针对性地采取预防措施和克服方法，使阻力成为动力，主要方法是：

1、提供可靠信息。当阻力起源于对结果的担心时．通过调查研究、可行性论证，科学地预测并明确组建企业集团的结果，将有助于减轻阻力。企业可以增强改组企业集团工作的透明度，将改组的意义、方法、步骤、形式、结果对职工作广泛深入的宣传，就会消除人们心理上的疑虑，增加确定性。

2、运用经济鼓励。在任何企业中，经济对多数人来说，还是很重要的，许多人对这项改革的担心，都出自改革会减少个人收入。如果这项改革能指望增加收入，往往会受到赞同。

应当让职工明确，企业集团的组建和发展，会使生产要素的潜能得到充分发挥，产生"1+1>2"的效应，在企业经济效益提高的同时，职工收入也会增加。在保证职工收入不减少或增加的情况下，职工的抵制会相应减少。

3、准确把握时机。无论在企业的哪一层改革，都要有一定的时间去适应新的制度、排除障碍，如果急于求成，强行推进，企业会产生受压迫的感觉，形成以前没有过的阻力，企业中大部分工作是要相互配合的，职工之间、职工，与上级之间新的工作模式要有一个适应过程。因此，我们要准确地把握好"度"，既不能待职工完全认识了再改组．也不能急躁冒进，消极等待，会耽误时机；强行推进，会欲速不达，以后还要花更多的时间和精力解决遗留问题。

4、利用个人威信。一般说来，一个成员在其他成员中威信越高，他所具有的影响力也越大。企业改组时，如能利用这种威信，由他来强化群体的认同感，共同明确改革的目的，可有助于加快人们思想、观念的改变。要指出的是：一个成员的威信并不在于该成员的职务和地位，而常常是由他们的技能、品格决定的。

5、试点带动全盘。组建企业集团与股份合作制、租赁、承包相比，是企业深层次的改革，涉及方方面面，情况十分复杂．不可全面推进，只能先行试点。要在全面科学论证的基础上，选择那些条件基本成熟的企业进行试点，在试点的基础上，认真总结经验，分析存在问题，以点带面，发挥示范效应。

6、给予政策优惠。一些地区小微亏企业比重大，程度不同地负有包袱，实际上组建企业集团有一定难度。如果不在政策上制定一些有实质性的措施，这项改革将更难进行。因此，我们必须结合本地实际，在国家政策允许的范围内，从解决企业历史包袱上、债务负担上、社会负担上做出必要的牺牲。只有这样，才能使封闭的、凝滞的资产动起来、活起来、大起来，才能弥补做出的牺牲，才能换来更大的效益。

7、思想仍需解放。组建企业集团的心理阻力很大程度上来自观念的陈旧和思想的落后，因循守旧，小富既安，畏首畏尾，没有真正意识到国内市场竞争的压力和国际市场竞争的威胁。这时，企业即使不走联合起来的道路，也尚能生存，地方、部门、企业也能获取一些小利。这种思维定式，企业很难有危机感，很难看到长远利益，也就很难有组建和发展企业集团的内在动力。因此，继续解放思想，更新观念，真正按"三个有利于"去思考、去改革，依然是消除改组企业心理障碍的先决条件。

【此文刊登在《财务与会计》1995 第 6 期】

# 写在后面的话

本人1980年参加工作。曾先后在供销社系统、县委政府机关、政府部门、企业工作。2001年就职于重组后的赤峰糖厂至今，期间见证了企业四次更名、五次整合、六届法人、七任董事长。现在的公司名称是——赤峰众益糖业有限公司。

这期中有七年是外资性质（2007-2013），可以说英糖的七年是推动赤峰乃至中国北方甜菜糖业快速发展的七年。在安全生产、基地建设、甜菜供应、技术装备、工艺水平、质量管理、农机推广、管理模式、经营理念等都有了超常的进步。随笔中的《工作篇》大部分内容也都是这期间的记录。

2015年现任董事长全力投入企业的搬迁项目，按照市政府的"退城进园"政策，在区政府的支持下，于2017年完成了工厂由市区向园区的搬迁，产能由处理甜菜2500吨/日扩大到4500吨/日。实现了几代赤糖人梦寐以求的夙愿。

20世纪90年代中期，本人参与了林西县中小企业产权制度改革，并进行了一些企业改革相关的研究和探讨，《学习篇》主要选录了部分企业改革的内容。

《唐人随笔》的出笼得到了各界的支持，在此致以衷心的感谢。文中记录的人、事、物和时、空如有误差的，敬请谅解。

是为跋。

作者：屈宝仓

2023年6月1日